PRA ONDE VAI A ESQUERDA?

CONTRA CORRENTE 10 ANOS

Guilherme Boulos

PRA ONDE VAI A ESQUERDA?

AVARÉ
2025

CONTRA
CORRENTE
10 ANOS

Travessa Vergílio de Araújo Valim, 167
Avaré – SP – Brasil | CEP 18707 815
www.editoracontracorrente.com.br
contato@editoracontracorrente.com.br

EDITORES
Camila Almeida Janela Valim
Gustavo Marinho de Carvalho
Rafael Valim
Walfrido Warde
Silvio Almeida

EQUIPE EDITORIAL
COORDENAÇÃO DE PROJETO: Erick Facioli
PREPARAÇÃO DE TEXTO: Amanda Dorth
REVISÃO: Fernanda Zandoná
REVISÃO TÉCNICA: Beatriz Duarte Lopes
DIAGRAMAÇÃO: Gisely Fernandes
CAPA: Maikon Nery

EQUIPE DE APOIO
Carla Vasconcelos
Regina Gomes
Geovanna Sales
Julia Falanghe

Dados Internacionais de Catalogação na Publicação (CIP)
(Câmara Brasileira do Livro, SP, Brasil)

Boulos, Guilherme
Pra onde vai a esquerda? / Guilherme Boulos. -- Avaré, SP : Editora Contracorrente, 2025.

Bibliografia.
ISBN 978-65-5396-268-2

1. Brasil - Política e governo 2. Direita e esquerda (Ciência política) 3. Movimentos sociais - Brasil I. Título.

25-263329 CDD-324.1

Índices para catálogo sistemático:

1. Direita e esquerda : Ciência política 324.1
Cibele Maria Dias - Bibliotecária - CRB-8/9427

@editoracontracorrente
Editora Contracorrente
@ContraEditora
Editora Contracorrente

À Natalia Szermeta Boulos, que me estimulou a transformar estas ideias num livro.

SUMÁRIO

INTRODUÇÃO

A esquerda vive uma crise. Poucas vezes houve tanta confusão sobre os rumos que devemos seguir para disputar mentes e corações na sociedade. E, diferente de outras ocasiões, a crise não surgiu de derrotas eleitorais em série. Neste momento, forças de esquerda estão governando os três países mais populosos da América Latina: Brasil, México e Colômbia. E seguem tendo grande competitividade eleitoral na Europa e em outras partes do mundo.

Mas a meteórica ascensão da extrema-direita, na última década, trouxe dilemas que deixaram o campo progressista perplexo. Como a extrema-direita, abraçada aos bilionários que comandam o sistema, conseguiu se vender como uma novidade antissistêmica a milhões de trabalhadores? Como seus discursos, cheios de absurdos que violentam o senso comum, conquistaram tanta gente? Como conhecidos próximos, outrora pessoas razoáveis, de repente passaram a defender, em público, barbaridades impensáveis? E como os regimes democráticos, que aparentavam ser uma conquista política sólida, estão hoje por um fio?

Essas perguntas, sem respostas, colocaram a esquerda num estado de confusão e apatia. Na defensiva, mesmo quando ganhamos eleições. É o que estamos vivendo no Brasil: a capacidade de pautar o debate público, o sentimento militante e a disposição de mobilização estão do lado de lá.

Períodos de crise são férteis em elucubrações. Uns dizem que o problema da esquerda é estar presa a ideias velhas e radicais – o discurso liberal hegemônico – e outros apostam no contrário, de que a esquerda precisa se radicalizar mais para disputar, com a extrema-direita, o sentimento de insatisfação com o sistema. Há ainda os que pregam, aparentemente sem enxergar o crescimento da polarização no mundo, que a diferenciação entre esquerda e direita estaria ultrapassada e que a forma "moderna" de fazer política seria abrir mão de ideologias e focar em soluções técnicas e supostamente neutras para a vida das pessoas.

Em meio à indefinição de caminhos uma coisa é certa: a esquerda, e não só no Brasil, ainda não encontrou a melhor maneira de fazer frente à ofensiva reacionária que ameaça instaurar um fascismo do século XXI. E, por isso, tem dificuldades de oferecer um horizonte de futuro que anime e mobilize as pessoas. Não acredito em atalhos fáceis, que resolvam todos os problemas com uma mudança de discurso ou de tática política. Atalhos que parecem atribuir um poder quase mágico às palavras, herdeiros de uma tradição iluminista que não coloca o povo na equação. O buraco é mais embaixo.

Exatamente por isso, no meio da luta política, decidi escrever este livro. Como uma contribuição para o debate que a esquerda e todos os progressistas precisam fazer. A nova eleição de Trump mostrou até aos mais desatentos a gravidade dos riscos de retrocessos sociais e civilizatórios. E não é num futuro distante, é agora. Precisamos superar o estágio de perplexidade passiva e retomar a ofensiva política.

Períodos de crise são também momentos de correção de rota. É isso que proponho aqui. Como nem tudo são espinhos – e nossas vitórias no último período demonstram isso – aponto os acertos que a esquerda tem tido em vários posicionamentos. Mas, como nem tudo são flores, apresento os pontos que creio firmemente que devemos mudar, sobretudo em relação à forma de traduzir nossa visão de mundo, à atuação nas redes sociais e ao trabalho de base nos territórios. Neste último caso, inclusive, aprendendo com os evangélicos.

O tempo atual é dos *stories* de poucos segundos. Por isso exercitei, ao máximo, o espírito de síntese para expressar minhas visões em poucas linhas. O primeiro capítulo apresenta as razões do crescimento da extrema-direita. O segundo localiza a situação que estamos vivendo no Brasil, com o cerco ao governo Lula. O terceiro foca na guerra cultural da extrema-direita e no porquê eles ganharam hegemonia nas redes sociais. E o último é a apresentação dos caminhos que defendo para a esquerda retomar a ofensiva nas ideias, nos territórios e nas redes.

Aprendi, nas lutas do movimento social, que há duas regras de ouro para ganhar uma batalha: saber quando estamos perdendo e, nesses casos, não ter o desespero como conselheiro. Nos momentos mais difíceis, o importante é fazer a esperança brilhar nos nossos olhos e dos que estão juntos nas trincheiras. Quem entra na luta sem horizonte já está derrotado. Hoje, estamos perdendo a batalha com a extrema-direita pelos rumos do século XXI, mas temos todas as condições de virar o jogo. O reconhecimento das dificuldades é sempre necessário, a grande questão é o que fazemos com ele. Há aqueles que optam pela tática do avestruz, enfiando a cabeça no buraco da desilusão. E há os que optam por lutar. Este livro foi escrito para essas pessoas.

CAPÍTULO I

A OFENSIVA DA EXTREMA-DIREITA

Não faz muito tempo, era impensável um Presidente norte-americano ter, ao seu lado, pessoas que fazem saudação nazista em público. Ou um cidadão que defendesse a venda de órgãos humanos se tornar chefe de Estado em qualquer parte. Ou ainda, um partidário da tortura e extermínio de opositores chegar à presidência do Brasil. Definitivamente, o mundo mudou. E mudou rápido. Trump tem aliados próximos que defendem o nazismo e, ele próprio, repete frases sobre imigrantes[1] que poderiam ser de Hitler. Milei elegeu-se na Argentina defendendo a venda de órgãos como "um mercado a mais". E

1 Durante comício em New Hampshire, em 2023, Trump disse que "os imigrantes envenenam o sangue da nação".

Bolsonaro, no Brasil, dizendo que quem não concordasse poderia escolher entre "a cadeia, o exílio ou a ponta da praia".[2]

E não são só palavras. Dois deles não reconheceram a derrota nas urnas em suas tentativas de reeleição e estimularam conspirações golpistas. Trump, mesmo após a invasão do Capitólio, foi reconduzido à presidência dos EUA quatro anos depois. Na Europa, a extrema-direita avança, com um partido neonazista obtendo votação histórica na Alemanha. Sim, na mesma Alemanha que viveu o horror hitlerista. Tudo isso revela um simples fato: eles vieram pra ficar. Não foi apenas um surto de irracionalidade e barbárie, como se estivéssemos todos num pesadelo e, depois, acordássemos para seguir a vida. A consolidação da extrema-direita é o acontecimento histórico mais relevante do último período, que cria uma inflexão no cenário mundial e deve marcar o conflito político nas próximas décadas.

As derrotas que eles sofreram no pós-pandemia fizeram com que alguns voltassem a sonhar com a hegemonia de uma direita civilizada. As águas voltariam ao curso natural da polarização amena entre esquerda e direita democrática, as famílias voltariam a se encontrar sem brigas no fim do ano

---

2 Ponta da praia era uma referência dos agentes da ditadura militar brasileira a uma prisão clandestina, onde opositores do regime eram torturados e mortos.

e ninguém precisaria bloquear conhecidos em conversas de Zap. Os anos seguintes mostraram que devolver pitbulls para o cercado é bem mais difícil do que os soltar ao mundo.

Eles têm avançado sobre todos os Rubicões e quem não compreender isso seguirá desnorteado com os rumos da política. Já passou a hora de superarmos a fase da indignação impotente diante dos absurdos que falam e fazem. É momento de enfrentarmos com decisão e estratégia a maior ameaça à sociabilidade humana desde a segunda guerra mundial. Mas, para isso, precisamos entender como, em tão pouco tempo, eles chegaram tão longe.

1.1 Duas transformações estruturais

O cupim não destrói uma casa de um dia para o outro. Demora tempo sem ser percebido, embora estivesse sempre ali. Grandes acontecimentos políticos funcionam da mesma forma. Alguns dos fenômenos sociais que permitiram a ascensão da extrema-direita não são tão recentes assim. E, à primeira vista, podem parecer não ter qualquer relação com Trump, Bolsonaro e companhia. Mas têm.

Há duas grandes transformações estruturais, com origem na ascensão de neoliberalismo na década de 1970, que contribuíram para o ciclo de extrema-direita no século XXI.

A primeira foi a mudança de perfil da classe trabalhadora pela fragmentação das relações de trabalho. A revolução robótica/microeletrônica reduziu o contingente de trabalhadores concentrados na grande indústria e expandiu o setor de serviços. Ao mesmo tempo, a desregulamentação das relações trabalhistas levou à expansão de formas de trabalho por conta própria e ao aumento da rotatividade dos trabalhadores no emprego. Essas mudanças ajudaram a reverter um processo histórico provocado pela Revolução Industrial: a concentração dos trabalhadores, com formação de identidades coletivas e consciência de classe.

Quando o capitalismo criou a grande indústria, unificou trabalhadores que estavam dispersos no campo ou em pequenas oficinas, colocando-os sob as mesmas condições de vida e trabalho. Foi assim que criou a classe operária. Esses trabalhadores passaram a se organizar em sindicatos, a fazer greves e a pensar o mundo de forma comum. Nós devemos a maior parte das conquistas civilizatórias do século XX a essa organização da classe trabalhadora. Direitos trabalhistas, liberdades democráticas e um conjunto de políticas sociais só foram incorporados pelo capitalismo após grandes lutas lideradas pelo movimento operário.

Mas, nas últimas décadas do século XX, as mudanças nas relações de trabalho contribuíram para fragmentar novamente a classe trabalhadora. Agora, não mais em pequenas propriedades rurais e oficinas, mas no trabalho por conta própria, informal e precário, e, mais recentemente, em plataformas de serviços por aplicativo. O sindicalismo, no mundo todo, já enfraquecido pelo conjunto de legislações antitrabalhistas da era neoliberal, enfrentou grandes dificuldades para responder às transformações de sua base. E os "cinturões operários", que formavam o poder de massa da esquerda, foram desaparecendo.

Este processo criou as condições para uma mudança profunda da percepção dos trabalhadores como classe. A fragmentação das relações de trabalho foi o fator objetivo que potencializou uma luta ideológica deliberada contra a consciência coletiva dos trabalhadores, revelada na famosa frase de Thatcher: "a economia é o método, o objetivo é mudar a alma". Os trabalhadores deveriam comportar-se agora como um "capital humano", valorizando sua formação, desempenho individual e capacidade de iniciativa para buscar as melhores oportunidades de sucesso. As novas técnicas de gestão empresarial exigiram mais flexibilidade e polivalência de cada trabalhador – agora chamado de "colaborador" – e estabeleceram o princípio da remuneração individual de acordo com o desempenho. Assim, o conflito não seria mais entre trabalhador e patrão, já que o sucesso da empresa é apresentado como condição ao sucesso do trabalhador, mas entre os próprios trabalhadores ou entre diferentes equipes da mesma empresa, buscando o bônus de melhor performance.

Na empresa ou no negócio por conta própria, a consciência do trabalhador foi moldada para que se perceba como um empreendedor de si mesmo, num ambiente de concorrência generalizada com seus antigos companheiros. As relações de solidariedade são substituídas pela concorrência sem regras de lealdade e a consciência de luta por um propósito comum pela busca da prosperidade individual. Essa estratégia já havia sido apresentada meio século antes por um dos pais da ideologia neoliberal, Ludwig Von Mises, guru dos atuais economistas da extrema-direita. Ele propunha que cada indivíduo deveria ser visto como um sujeito empreendedor e que a concorrência sem limites entre eles seria a fonte do progresso da sociedade. É a introjeção da lógica das empresas pelos trabalhadores, formando a "racionalidade neoliberal" dos nossos tempos.[3]

Uma pesquisa recente do Instituto Locomotiva[4] mostrou que, entre os trabalhadores brasileiros, 46% têm como perspectiva profissional ter um negócio próprio como empreendedor, enquanto apenas 7% almejam ter um emprego. Essa perda de atração do emprego formal se estende a uma diminuição do prestígio da educação formal. E não só por uma mudança de percepção dos trabalhadores: a vantagem salarial das pessoas que tem diploma universitário foi reduzida significativamente no último período.

---

3 DARDOT, Pierre; LAVAL, Christian. *A nova razão do mundo*. São Paulo: Boitempo, 2016.

4 Conduzida em 2024 por Renato Meirelles, a pesquisa do Instituto Locomotiva é incrivelmente valiosa para compreender as mudanças na percepção do trabalhador brasileiro.

Em 2003, a diferença média era de R$5.194 e passou para R$3.117 em 2023. São transformações na realidade e na consciência.

Ao mesmo tempo em que produziu esse efeito nas relações de trabalho, o neoliberalismo impulsionou uma segunda mudança estrutural, com grandes consequências políticas em nosso tempo: o esvaziamento das democracias liberais.

A desregulamentação dos fluxos financeiros permitiu uma concentração de capital inédita nas mãos de grandes corporações e bancos, que passam a deter um poder maior que boa parte dos Estados Nacionais. Os mesmos Estados que impulsionaram a liberalização financeira, para financiar suas dívidas públicas, tornaram-se reféns do movimento global de capitais definido pelos agentes do mercado. Quando as decisões políticas de um governo contrariam seus interesses, batem na mesa e falam na linguagem que melhor sabem, a da chantagem.

A chantagem financeira mundial tem um mecanismo institucionalizado. Todos os países precisam emitir títulos para seguir financiando suas dívidas públicas. Quem compra esses títulos, em geral, são os grandes bancos e fundos de investimento, recebendo juros no momento da compensação. Se o governo de determinado país decide ampliar investimentos sociais para enfrentar as desigualdades, esses credores do Estado atacam, com o argumento de que não haverá dinheiro para o pagamento das dívidas e pressionam por ajustes fiscais. É isso que vemos no noticiário econômico todos os dias.

Se o governo insiste em suas políticas, respaldadas pela escolha democrática de seu povo, os "mercados" – leiam-se, esses mesmos bancos, fundos e corporações – colocam em marcha um ataque especulativo. As agências de risco ameaçam rebaixar a nota de crédito do país, colocando em questão a capacidade de pagamento futuro.[5] Produz-se uma "crise de confiança", que tende a reduzir a demanda pelos títulos públicos necessários para o governo refinanciar sua dívida, pressionando por aumento dos juros para torná-los mais "atraentes" aos investidores. Na mesma linha, a fuga de capitais provoca desvalorização da moeda, que afeta diretamente o povo pela inflação de preços no mercado nacional. Com juros altos e menos investimentos, a economia real é atingida, provocando desemprego e queda na

---

5 As agências de risco seguem dando as cartas, mesmo após sua credibilidade ruir com a crise de 2008. É um monopólio de três gigantes: Standard & Poors, Moody's e Fitch. O próprio Congresso dos EUA reconheceu que a atuação delas foi decisiva para a eclosão da crise. A Moody's, por exemplo, qualificava até a quebra do Lehman Brothers 45 mil títulos de hipotecas suprime com o triplo A, que significa risco zero ao investidor. Sua lógica está marcada por conflito de interesse, já que são pagas pelos próprios bancos que negociam os títulos e não por credores.

renda dos trabalhadores. Essa lógica faz dos governos verdadeiros reféns do poder financeiro.

Já consigo ver os economistas do *establishment* bradando do alto de seu pedestal: "discurso ideológico simplista", "a esquerda não entende de economia". Vamos, então, aos fatos. Em 2011, no rescaldo da grande crise, o governo grego anunciou um plebiscito para consultar seu povo se deveria assinar o plano de resgate da União Europeia, que envolvia um duro ajuste fiscal. O simples anúncio do plebiscito fez o Primeiro-Ministro cair e ser substituído às pressas por uma junta de "técnicos" ligados ao mercado, que levou adiante cortes brutais no gasto público. No mesmo período, o Primeiro-Ministro da Itália foi substituído por um tecnocrata do mercado, com o objetivo de efetivar um plano de ajuste semelhante. Os agentes do mercado não apenas pressionam governos, mas os derrubam se for necessário. Foi isso que levou James Carville, assessor de Bill Clinton, a dizer uma frase que se tornou famosa: "Eu costumava pensar que, se houvesse reencarnação, gostaria de voltar como Presidente, Papa ou uma estrela de beisebol. Hoje penso que gostaria de voltar como mercado de títulos, porque poderia intimidar a qualquer um".[6]

---

6 VIGUERAS, Juan Hernandez. *El casino que gobierna el mundo*. Buenos Aires: Capital Intelectual, 2012.

Mas o que isso tem a ver com a democracia? Bem, quando um governo eleito pelo povo deixa de servir a quem o elegeu e passa a representar os interesses de grandes corporações, as pessoas começam a se questionar para que serve exatamente a democracia. Esse fenômeno se aprofundou após a crise de 2008, quando os governos dos EUA e da Europa repassaram trilhões de dólares aos bancos, enquanto a população sofria com desemprego, perda salarial e despejos pela hipoteca de seus imóveis. Não sem razão, isso fortaleceu o sentimento de antipolítica e o surgimento de movimentos de "nova política", que a extrema-direita soube se apropriar como uma falsa alternativa de ruptura. O discurso de que o Estado é uma máquina ineficiente, que só cobra impostos, favorece políticos e atrapalha a vida do cidadão comum, caiu como uma luva nesse cenário. E alimentou as tentações autoritárias da extrema-direita.

No Brasil, estes dois fenômenos neoliberais tiveram ainda seus impulsos próprios. A lógica do sucesso individual foi potencializada pelo crescimento vertiginoso da teologia da prosperidade pentecostal. Em 1980, apenas 6% da população brasileira eram evangélicos. Em 2019, eles já representavam 31% da população[7] e 70% dos estabelecimentos religiosos regularizados do país.[8] Já os católicos,

---

7 Datafolha, 2020.

8 IPEA, 2023.

que eram 89% da população em 1980, passaram hoje para 50%. Foi uma das maiores e mais rápidas mudanças culturais da nossa história. A Teologia da Prosperidade, ao valorizar o sucesso financeiro e o empreendedorismo, conseguiu dar uma resposta que o catolicismo não foi capaz à nova situação dos trabalhadores. Foi exatamente por isso que cresceu tanto em tão pouco tempo. E, ao crescer, capilarizou ainda mais esses valores.

É evidente que o sucesso pentecostal não foi causado apenas pela característica de sua teologia. Os evangélicos ofereceram uma crença segura, com base nos valores familiares tradicionais, em meio a um mundo em transição cultural. É justamente nesse ponto que se formou sua conexão mais orgânica com o bolsonarismo: a defesa da família tradicional e do conservadorismo. Além disso, as igrejas construíram uma verdadeira máquina de organização social, com forte espírito missionário. Veremos isso com mais detalhes no último capítulo.

Já a lógica da antipolítica foi potencializada aqui pela operação Lava Jato, com a retórica anticorrupção historicamente utilizada contra governos populares no Brasil. A questão não é a corrupção em si, que permeia a relação entre poder político e econômico em todos os países do mundo, e que deve ser combatida sem meias palavras. É a utilização da bandeira do "combate à corrupção" como uma cruzada política, geralmente conduzida por corruptos, para desestabilizar governos que contrariam privilégios econômicos. Jessé Souza[9] mostrou como esse método é uma constante no Brasil, desde o cerco da UDN de Carlos Lacerda a Getúlio Vargas, passando pelo "triplex" de Juscelino Kubitschek nos anos 1960 e pelo mote de combate à corrupção da Marcha que preparou o golpe contra Jango. Após a redemocratização, a tática foi reeditada contra os governos de Lula e Dilma. É uma verdadeira tradição nacional.[10]

O bolsonarismo é filho, mesmo que bastardo, desse casamento do individualismo com a negação da política. Mas não só. Há um conjunto de outras transformações na consciência coletiva que têm sua cota de responsabilidade na ascensão de Bolsonaro no Brasil e do novo fascismo mundial.

---

9 SOUZA, Jessé. *O pobre de direita*. Rio de Janeiro: Civilização Brasileira, 2024.

10 A maneira como as elites tradicionais brasileiras constroem o cerco a governos populares com acusações de corrupção também revela sua falta de criatividade. Para acuar Vergas, a UDN de Carlos Lacerda estimulou a "República do Galeão", marcada por inquéritos judiciais sumários. Para acuar Lula e Dilma, a Lava Jato criou a "República de Curitiba", com as mesmas características. Juscelino foi acusado de comprar indevidamente um tríplex em Ipanema. Lula foi acusado pelo fatídico tríplex do Guarujá. O imaginário das acusações é limitado ao mesmo enredo.

1.2 Aproveitando oportunidades

Falamos de transformações sociais, ocorridas nas últimas décadas do século XX, e que, nas circunstâncias atuais, criaram condições para o avanço da extrema-direita. Mas o século XXI também produziu três importantes fenômenos que mudaram completamente a maneira de pensar das pessoas: as redes sociais, a reação conservadora e a sensação permanente de insegurança. Cada um deles trouxe novas oportunidades para a onda da extrema-direita.

As redes sociais fizeram com que as grandes corporações de mídia perdessem, pela primeira vez, o controle monopolista sobre a opinião pública. O fluxo de informações e ideias passou a ser horizontal, com a mediação única do algoritmo.[11] Com bilhões de pessoas conectadas, as redes tornaram-se o espaço privilegiado para a difusão de novos valores e posições políticas. E a extrema-direita foi mais eficiente em compreender sua dinâmica, ganhando a hegemonia da formação de opinião no ambiente digital. Essa é uma transformação de grande impacto, algo comparável a imaginar o que aconteceria na sociedade do século passado se os grandes jornais e redes de TV resolvessem propagar ideias socialistas. A história da política mundial seria outra. É impossível pensar a ascensão de figuras como Trump ou Bolsonaro

---

11 Veremos com detalhes a lógica de operação do algoritmo das redes no terceiro capítulo.

sem as redes. São criaturas da política digital. Como esse é um tema decisivo para a disputa que estamos enfrentando, dediquei um capítulo todo a ele.

O segundo fenômeno foi a eclosão de uma reação conservadora no mundo. Reação a quê? Ao importante fortalecimento das pautas feministas, antirracistas e LGBTs, que colocaram em xeque o lugar de privilégio dos homens brancos. A noção tradicional de família, baseada no casal heterossexual e na subordinação da mulher ao homem, foi abalada pelo avanço do feminismo e do movimento LGBT. Suas identidades passaram a ser valorizadas e transformaram o debate público, até então pautado pela naturalização do machismo e da intolerância sexual. Ao mesmo tempo, os movimentos antirracistas provocaram o reconhecimento das bases estruturais da opressão ao povo negro, não somente fortalecendo sua identidade, como também obtendo conquistas de espaços antes reservados exclusivamente aos brancos.

Era de se esperar que mudanças desta dimensão gerassem reações. Ninguém abre mão de privilégios e poder de boa vontade. A extrema-direita capitaneou esse movimento reacionário, dando voz a todos aqueles que, formados em sociedades preconceituosas, sentiam-se ameaçados em suas posições por essa reviravolta. Do homem racista do Texas horrorizado por ter um Presidente negro ao evangélico da Baixada Fluminense, perplexo com o beijo gay na novela das oito. Quando uma ministra de Bolsonaro diz que o menino veste azul e a menina veste rosa, ela está organizando esse sentimento. Ou quando Orban coloca na Constituição da Hungria que o único casamento possível é entre homem e mulher, ou nas inúmeras declarações racistas de Trump e de praticamente todos os líderes da extrema-direita. O que, muitas vezes, nós da esquerda tratamos como bizarrices dignas de ridicularização era, na verdade, o elo de conexão deles com um ressentimento arraigado em parte da sociedade.

Isso tem expressão fiel na divisão do eleitorado. Nas últimas eleições no Brasil e nos EUA, as mulheres e os negros votaram contra a extrema-direita; enquanto os homens e brancos votaram nela. No Brasil, em 2022, segundo pesquisa do Datafolha[12] na véspera do segundo turno, 52% das mulheres declararam voto em Lula, contra 41% em Bolsonaro. Entre os homens, Bolsonaro levou vantagem de 48% a 46%. O corte racial é ainda mais nítido: Lula venceu Bolsonaro por 60% a 34% entre os pretos e Bolsonaro venceu por 54% a 40% entre os brancos. A mesma tendência, com intensidade ainda maior, revelou-se na disputa entre Trump e Kamala, segundo a pesquisa de boca de urna da CNN:[13] entre as mulheres, Kamala venceu por 53% a 45% e, nos homens, Trump levou por 55% a 42%. Os negros votaram massivamente contra Trump (85% a 13%), mas os brancos – maioria nos EUA – o elegeram:

12 Datafolha, 2022.

13 CNN, 2024.

57% a 41%. Os números não deixam dúvidas sobre qual a principal base social da extrema-direita.

Nos EUA, assim como em todos os países do Norte Global, o tema da imigração também foi decisivo para a ampliação do público e do repertório da extrema-direita. A percepção de perda de empregos pela chegada de imigrantes levou parte dos trabalhadores a aderirem à visão da extrema-direita, que coloca os estrangeiros como a razão do declínio nacional e do aumento da violência urbana. Trump ganhou sua primeira eleição propondo fazer um muro na fronteira com o México para afastar os latinos. E o avanço de partidos neonazistas na Europa tem, no combate aos imigrantes, sua pauta central.

Por fim, o terceiro fator que ajuda a compreender a onda da extrema-direita, é a sensação permanente de insegurança, amplificada na última década pelas redes sociais. A segurança pública sempre foi uma questão que dividiu visões entre esquerda e direita. E sempre foi um tema delicado para a esquerda porque, em momentos de medo, as soluções violentas e punitivistas têm muito mais apelo do que políticas que considerem a complexidade social do problema. A guerra contra o terrorismo, desencadeada por Bush após os ataques de 11 de setembro de 2001, potencializou, no imaginário mundial, o sentimento de medo e insegurança. É verdade que, em países como o nosso, ela teve impacto pouco relevante. Aqui, os principais fatores da sensação de insegurança estão relacionados ao aumento real das taxas de criminalidade, ao avanço do crime organizado e das milícias e a maior circulação de conteúdos sensacionalistas por meio das redes sociais. Mas o fato é que a extrema-direita, tanto aqui quanto lá, converteu essa sensação num dos seus principais pilares de mobilização da indignação coletiva, organizando pautas armamentistas, de punitivismo ilimitado e, até mesmo, fazendo a defesa aberta da violência policial, como ocorreu na pauta bolsonarista do excludente de ilicitude.[14]

O maior exemplo disso foi a transformação do Modelo Bukele numa referência mundial do seu campo político. Nayib Bukele, Presidente de El Salvador, decretou um regime de exceção, suspendendo as garantias constitucionais, em nome do combate às gangues que promoviam violência no país. Prendeu, sem processo legal, nem direito real de defesa, ao menos 75 mil pessoas (mais de 1% da população do país) e construiu megapresídios que são comparados a campos de concentração. Seria como prender mais de dois milhões de cidadãos no Brasil de forma arbitrária em nome do combate ao crime. Esse método próprio a ditaduras tem forte apelo popular, tanto é que Bukele foi reeleito com

---

14 No pacote "anticrime" que Bolsonaro enviou ao Congresso, pretendia-se ampliar o excludente de ilicitude – quando não há aplicação de pena – para policiais que cometessem homicídios sob "violenta emoção". A medida foi rejeitada.

mais de 80% dos votos em 2024. E a extrema-direita mundial passou a tomá-lo como o seu modelo para responder ao crescimento da sensação de insegurança.

Em resumo, entendemos melhor as condições que tornaram possível a ascensão da extrema-direita quando consideramos estes cinco fenômenos:

1) Fragmentação das relações de trabalho, que enfraqueceu as identidades coletivas da classe trabalhadora e fortaleceu a lógica do cada um por si.

2) Crise das democracias liberais, que acentuou a descrença na política e o questionamento do papel do Estado.

3) Popularização rápida das redes sociais, que permitiu a criação de partidos digitais e ampliou a polarização política.

4) Reação conservadora a mudanças culturais que colocaram em xeque a família tradicional e o lugar de privilégio de homens brancos.

5) Sensação permanente de insegurança, que ampliou o apoio popular da lógica "linha dura" contra os criminosos.

A visão de mundo construída pela extrema-direita potencializou esse conjunto de fenômenos. Como toda ideologia eficaz, parte da *aderência* – responde a questões reais da vida das pessoas – e produz *transcendência*, com uma visão de mundo e um sistema de valores próprios. Na última década, eles se mostraram capazes de botar de pé e difundir mundo afora uma visão de mundo aderente e transcendente, que impulsionou um novo movimento de massas e reorganizou os polos da política mundial.

1.3 Fascismo do século XXI

O neoliberalismo preparou o terreno para a extrema-direita em várias dimensões: do cada um por si na concorrência entre os trabalhadores à lógica meritocrática, da desmoralização do papel social do Estado ao esvaziamento das democracias.

Quando o *coach* Pablo Marçal vende a ideia impossível de que todos podem ser milionários se seguirem seus conselhos – numa mistura de autoajuda e charlatanismo financeiro – sua plateia já havia sido preparada por uma *blietzkrieg*[15] de empreendedorismo, que abstraiu a prosperidade pessoal do contexto social e dividiu o mundo entre vencedores e fracassados. Se você não prosperou, isso nada tem a ver com a radical desigualdade de oportunidades, mas com sua falta de esforço pessoal ou com uma mentalidade equivocada. Essa ideia já estava presente num dos precursores do neoliberalismo, Herbert

---

15 "Blitzkrieg" foi uma tática de guerra criada pela Alemanha nazista, com ataques coordenados e intensos, que tinham o efeito de desorganizar as defesas adversárias.

Spencer, que tornou central a divisão entre "pobres meritórios" e "pobres sem mérito".

Da mesma forma, quando Bolsonaro chama os beneficiários do Bolsa Família de vagabundos e propõe o fim das cotas raciais, seu discurso soa como música aos que já haviam comprado a visão de culpabilização das vítimas por um projeto de desigualdade construído com base na escravização dos negros. A ideologia neoliberal sempre enxergou o combate às desigualdades como uma intervenção indevida do Estado, que desestimularia a "seleção natural" do mercado pelo mérito. As políticas sociais favoreceriam a preguiça e criariam privilégios aos fracassados às custas dos vencedores. Foi isso que levou Friedrich Hayek, outro pai do neoliberalismo da escola austríaca, a dizer, com todas as letras, que o Estado não deve promover a justiça social, definida por ele como uma ilusão.

Assim, quando neoliberais civilizados ficam de cabelo em pé com o autoritarismo da extrema-direita, não podem se esquecer que o apelo antidemocrático foi preparado pela ideia de que o Estado é um cobrador de impostos que só atrapalha os cidadãos. Isso alimentou o sentimento de antipolítica, matéria-prima importante do surgimento dos "outsiders" da direita autoritária. Aliás, a tradição do pensamento neoliberal sempre demonstrou seu incômodo com a lógica democrática de pressões populares sobre a política para obter mais direitos, que definiram como "populismo demagógico". O próprio Hayek, em defesa do regime sangrento de Pinochet, no Chile, chegou a declarar o seguinte: "minha preferência pende a favor de uma ditadura liberal, não a um governo democrático em que não haja nenhum liberalismo".[16]

O terreno já estava preparado, mas o que explica o sucesso da extrema-direita não é só a aderência a valores que já tinham base no senso comum neoliberal. Eles criaram uma visão de mundo nova e com forte capacidade de atração de massas.

Toda grande ideologia oferece às pessoas um sentimento missionário, de fazer parte de uma grande batalha histórica contra o sistema dominante. Neste ponto, a extrema-direita tinha um problema, porque lutar contra imigrantes, gays e pessoas negras está longe de ser uma batalha gloriosa contra o sistema. Na verdade, é atacar justamente aqueles que o sistema sempre atacou. Não há nada mais sistêmico do que a direita. Eles sempre foram os porta-vozes das grandes corporações de bilionários e os representantes políticos mais aguerridos de seus interesses. Por isso, para apresentar sua luta como antissistema, a extrema-direita fez uma operação ideológica – que não deixa de ter sua genialidade – de modificar o conceito de sistema.

---

16 DARDOT, Pierre; LAVAL, Christian. *A nova razão do mundo*. São Paulo: Boitempo, 2016.

No capitalismo, a maior expressão do sistema é logicamente o capital, representado pelos grandes atores econômicos e financeiros. O sistema são os bancos, fundos de investimento, as grandes corporações, as *big techs*. E esses atores são hoje, na maioria das vezes, aliados e entusiastas da extrema-direita. Nada é mais expressivo do que uma imagem, e a fotografia dos convidados de honra para a posse de Trump demonstra isso melhor do que qualquer tratado sociológico. Como, então, os queridinhos do sistema puderam convencer nações inteiras de sua pretensa luta antissistema? Fazendo um malabarismo análogo ao que Freud define como "mecanismo de deslocamento".[17]

Eles deslocaram a definição de sistema do poder econômico para o poder político e as tendências culturais. O "sistema" deixa de ser os bilionários, que inclusive são apresentados como heróis do empreendedorismo. E passa a ser as instituições e os defensores da democracia representativa, que, como vimos, não anda com seu prestígio em alta. São os meios de comunicação tradicionais, as universidades, as autoridades científicas, a cultura *woke*, os sindicatos, todos eles comandados pelos "comunistas",

17 O deslocamento psíquico é um mecanismo inconsciente, que Freud identifica na formação dos sonhos e dos sintomas neuróticos. Ele opera transferindo os afetos e o sentido de uma determinada representação para outra, fazendo com que esse sentido apareça deslocado de seu contexto original.

"globalistas" ou qualquer definição nacional a que o partido de extrema-direita de plantão considere ter maior potencial de adesão.

É a operação populista de traçar o risco entre nós e eles. O "nós" da extrema-direita é supostamente o próprio povo, que teria seu sentimento representado pelo grande líder da vez. O "eles" é o sistema, com suas "elites políticas de esquerda", acusadas de promoverem o comunismo cultural e de conspirarem para manter seus privilégios e afastar o povo das decisões. É uma luta do bem contra o mal, onde o "mal" recorre a todas as armas: manipula eleições, cria vacinas com chips chineses, perverte nossas crianças nas escolas, etc.

Por mais que possa parecer uma fantasia alucinada, quando entendemos essa operação, o discurso bolsonarista e a caricatura que fazem da esquerda ganha muito mais atração. Aos convertidos para sua visão de mundo, faz todo sentido definir Xandão e os professores, a Globo e o PT, a ONU e os ambientalistas como expressões do sistema comunista. O corte da definição é uma espécie estranha de "comunismo cultural", que do comunismo tem somente o nome. Os comunistas querem censura nas redes e prisão dos patriotas. Querem sexualizar as crianças com ideologia de gênero, doutrinar os jovens nas universidades, liberar as drogas, o aborto e defender bandidos com o discurso dos direitos humanos. São a síntese de todo o mal, um inimigo poderoso, que dá ânimo ao imaginário militante da extrema-direita.

O sentimento missionário vem justamente daí. Quando Bolsonaro, mesmo sendo Presidente, dizia que não o deixavam governar – tática que, aliás, é comum a muitos dos governos de extrema-direita – ele mobilizava esse imaginário antissistema, jogando com a ideia de que, quem enfrenta o sistema, sofre uma perseguição implacável. O sentimento de ser perseguido na luta por seus ideais – seja a perseguição real ou inventada – é um grande combustível para fortalecer a identidade coletiva de qualquer grupo ideológico. Reforça a percepção de estar fazendo história, dá um sentido para sua batalha. A fraude eleitoral, os institutos de pesquisa, as mentiras da mídia e o projeto de censurar as redes sociais cumprem esse papel na visão de mundo da extrema-direita. É o discurso de vitimização capaz de manter seus adeptos mobilizados.

Esse conjunto resultou numa visão de mundo coerente, com espírito militante e alimentada pelo algoritmo das redes sociais. Assim, em menos de uma década, o bolsonarismo foi capaz de criar em milhões de brasileiros um forte sentimento de fazerem parte de uma luta heroica, formando um movimento de massas de extrema-direita, algo que a ditadura militar não foi capaz de fazer em 21 anos. Ao seu modo, organizou pessoas que se sentiam sem lugar no mundo, deu respostas simples a quem se via à deriva numa sociedade em rápida transformação, não representadas por um sistema democrático cheio de vícios e, acima de tudo, com medo em relação ao futuro. Ofereceu a elas uma visão de mundo ancorada num sistema de valores e um inimigo a se combater. Isso gera a ideia de pertencimento a uma causa e de que há sentido em fazer tudo por essa luta, até mesmo se explodir diante do Supremo Tribunal Federal.[18]

E como o vínculo é emocional, precisa ser coroado pela simbologia. Todos os grandes movimentos de massa da história recorreram a um forte simbolismo, até porque todos nós sentimos e imaginamos antes de pensar racionalmente. As ideias que não são capazes de se traduzir em imagens dificilmente vão além dos colóquios acadêmicos. E, neste ponto, novamente a extrema-direita foi eficiente, recorrendo a imagens consolidadas na mente das pessoas: os símbolos nacionais. O "Make America Great Again" de Trump fez escola e estimulou o "India First" de Modi, o "Espanha Grande de Novo", do partido Vox, o "Brasil acima de Tudo", de Bolsonaro e todo um repertório que, embora tenha pouco de defesa dos interesses da pátria, é apresentado de forma simbólica como patriotismo.

Assim, o crescimento da extrema-direita mundial está enraizado de forma sólida na aderência às mudanças sociais e ideológicas do neoliberalismo, radicalizada numa visão de mundo mobilizadora e

---

18 O bolsonarista Francisco Wanderley Luiz explodiu a si próprio, vestido como Coringa, em frente ao prédio do STF em 13/11/2024.

recoberta por um simbolismo nacional de grande apelo. Tem, portanto, bases bem firmadas em nosso momento histórico. Não é um raio em céu azul. Por isso, seria uma ilusão otimista acreditar que desaparecerá em nome do bom senso ou da repulsa provocada por suas barbaridades. Tudo indica que, no próximo período, seguiremos vivendo uma polarização consolidada entre a extrema-direita e a esquerda, por serem os dois únicos campos políticos capazes de mobilizar sentimentos coletivos de massa.

Hoje, eles estão ganhando. A esquerda, mesmo quando ganha eleições, tem permanecido na defensiva. A capacidade de oferecer uma visão de mundo que dê algum tipo de resposta ao sentimento popular médio está do lado de lá. E, por isso, o espírito missionário, a disposição de defender suas ideias a ferro e fogo e de se mobilizar por elas – que, desde o golpe de 1964, no Brasil, sempre estiveram com a esquerda – estão hoje com a extrema-direita.

A esquerda brasileira tem tido grande dificuldade de sair da defensiva e encontrar eixos para o diálogo com o povo e a mobilização social. E, como em toda a crise, aparecem profetas do caos, mercadores de soluções fáceis e certa tendência de autofagia. A gravidade do momento histórico exige de nós uma leitura lúcida da situação para transformar a desesperança em estratégia e ação capazes de virar o jogo.

CAPÍTULO II

BRASIL: GOVERNO LULA SOB CERCO

Na noite de 30 de outubro de 2022, mais de 60 milhões de brasileiros respiraram aliviados. Afinal, Lula havia vencido Bolsonaro nas urnas, encerrando uma tragédia de quatro anos. Era o fim do cercadinho do Alvorada, dos ataques sistemáticos à democracia e uma esperança para milhões de pessoas jogadas na fila do osso. A primeira reação, claro, foi comemorar.

A segunda, porém, foi pensar em como é que vencemos por tão pouco. Como um Presidente que teve uma gestão desastrosa na pandemia, índices econômicos ruins e que ameaçava a democracia todos os dias quase se reelegeu? A diferença foi de pouco menos de 2%, a menor desde a redemocratização. Sabemos que a campanha de Bolsonaro foi impulsionada por um pacote de medidas de mais de R$270 bilhões às vésperas da eleição, que ele usou a Polícia Rodoviária para tentar reduzir a votação no Nordeste e outras coisas mais. Mas, mesmo isso, não é o suficiente para explicar.

Mais de 700 mil brasileiros morreram na pandemia, enquanto o Presidente imitava doentes em tom de deboche e atacava a vacinação. Quase 30 milhões de brasileiros voltaram a viver o flagelo da fome em seu governo.[19] Bolsonaro fez um mandato em que passou a maior parte do tempo atacando jornalistas, a Amazônia, professores, ministros do STF e até o Papa. Em condições históricas "normais", alguém assim seria rechaçado de forma acachapante nas urnas. Mas não foi o que aconteceu.

A verdade é que só vencemos as eleições de 2022 porque o candidato era Lula. Com toda sua história, construída nas lutas do povo brasileiro, e com dois governos anteriores extremamente bem avaliados, que deixaram marcas profundas na vida dos mais pobres. Sem isso, contra qualquer outro adversário, provavelmente Bolsonaro haveria ganhado. O próprio Lula teve que fazer uma aliança ampla, com Geraldo Alckmin na vice e o apoio de setores de centro-direita para obter a suada vitória.

Qualquer um que lesse com atenção os resultados de outubro de 2022 já saberia que os próximos anos não seriam fáceis.

---

19 Fundação Getúlio Vargas, 2021.

2.1 O cerco a Lula em três frentes

A aliança que elegeu Lula foi heterogênea e estava longe de ter acordo sobre um programa para o Brasil. Partindo da fortaleza dos votos lulistas do Nordeste, ampliou a votação no Sul e no Sudeste, reduzindo a vantagem de Bolsonaro nessas regiões. É aí que estão os dois milhões de votos de vantagem. Se compararmos as eleições de 2022 com 2018, quando Haddad foi o candidato de Lula, Bolsonaro perdeu 6% de seus votos no Sul e 11% no Sudeste, inclusive crescendo 0,4% no Nordeste em 2022. Pode parecer contra-intuitivo, mas, na ponta do lápis, quando comparamos 2018 e 2022, o que decidiu a última eleição a favor de Lula foi uma migração de votos em regiões que se tornaram bases sólidas da extrema-direita: o Sul e o Sudeste.

Este segmento, que foi fiel da balança, não morre de amores por Lula e nem simpatiza com as ideias de esquerda. Votou para derrotar Bolsonaro e preservar princípios democráticos que estavam sob ameaça. Estamos falando de eleitores de centro, órfãos do PSDB, de lideranças do Centrão que viam em Lula mais estabilidade e até mesmo de alguns porta-vozes do mercado. É a parcela do eleitorado que Felipe Nunes e Thomas Traumann chamaram de “liberais sociais”, que, apesar de representarem cerca de 3% da sociedade, têm forte influência na mídia e nas instituições.[20] Mas, uma coisa era apoio para vencer a extrema-direita, outra bem diferente era apoiar o projeto de governo.

Desde o princípio, o governo Lula foi cercado por três grandes frentes de pressão: no primeiro flanco, a Faria Lima, exigindo uma política econômica de ajuste fiscal e corte de investimentos; no segundo, o Centrão, ávido por ampliar o sequestro do Orçamento Federal através das emendas parlamentares; e, no terceiro, a oposição bolsonarista, que seguiu a ofensiva da guerra cultural disparando a metralhadora digital das *fake news* e do pânico moral. O cenário era bem diferente de vinte anos antes, quando Lula governou com muito mais margem de manobra. E o governo teve dificuldade para entender a nova realidade.

Na frente econômica, a antipatia com Lula e a esquerda sempre foi declarada. Tanto é que uma pesquisa feita entre "representantes do mercado" no início de 2023 registrou que 90% deles desaprovavam o governo, que sequer havia começado.[21] O mesmo índice foi registrado em nova pesquisa no início de 2025, mesmo após o governo ter alcançado índices de crescimento do PIB e emprego acima de todas

---

20 NUNES, Felipe; TRAUMANN, Thomas. *Biografia do abismo*. Rio de Janeiro: Harper Collins Brasil, 2023.

21 Pesquisa Genial/Quaest divulgada em março de 2023.

as previsões.[22] E mesmo após ter cedido a uma parte das demandas do mercado na aprovação do arcabouço fiscal, em 2023, e no pacote de ajuste, no fim de 2024.

A lógica da relação dos grandes agentes financeiros com os governos – como vimos no primeiro capítulo – está baseada na chantagem. Ou o governo corta investimentos sociais para reservar mais e mais dinheiro para o pagamento de bancos, fundos e corporações, que são credores da dívida pública, ou, então, anunciam a "perda de confiança" neste governo. Mesmo que o governo demonstre, com seu desempenho econômico, condições de arcar com pagamentos futuros, o mercado segue exigindo cortar na carne. No caso, cortar no SUS, na educação, nos investimentos destinados ao povo. Essa não é uma particularidade brasileira, é o modus operandi do mercado financeiro com todos os Estados Nacionais. Mas, quando um governo de esquerda ganha eleições, com uma pauta de distribuição de renda e ampliação de programas sociais, a chantagem torna-se guerra aberta, numa ofensiva para deixá-lo no canto do ringue. É isso que estamos vivenciando no Brasil de hoje.

Na frente política, o objetivo do Centrão era manter o controle do orçamento obtido no governo

---

22 Pesquisa Genial/Quaest divulgada em março de 2025.

anterior. O Centrão de hoje não é simplesmente aquele que Tancredo Neves tão bem resumiu na seguinte frase: "entre a Bíblia e *O Capital*, eles ficam com o Diário Oficial".[23] Agora eles querem muito mais do que a indicação de cargos no Diário Oficial. Como Bolsonaro estava mais preocupado em fazer disputa ideológica do que entregas de governo, ele terceirizou a execução orçamentária para o comando do Congresso como forma de garantir apoio parlamentar. Foi o chamado orçamento secreto. Como funciona? Os deputados e senadores indicam para onde deve ir grande parte dos investimentos do governo federal, destinando-os ao apadrinhamento de obras em suas bases eleitorais.

Vi a dimensão disso já na equipe de transição, quando participei da coordenação do grupo relacionado a políticas para cidades. Numa tarde de dezembro de 2022, no Centro Cultural Banco do Brasil, que foi o QG da transição, o então Ministro do governo Bolsonaro foi nos apresentar a situação da pasta. Era a expressão perfeita do caos institucional: mais de 60% dos investimentos discricionários do Ministério eram de emendas parlamentares. Era o rabo abanando o cachorro. Em vez dos parlamentares pedirem para o governo obras em suas regiões, o governo era quem tinha que pedir para os parlamentares investirem em projetos que considerasse

---

23 SCHWARTZ, Lilia; STARLING, Heloisa. *Brasil*: uma biografia. São Paulo: Companhia das Letras, 2015.

estratégicos para o país. É a divisão do orçamento, sem divisão de responsabilidades.

Esse sequestro do investimento público ainda tem seus requintes. Em geral, deputados e senadores enviam as emendas para prefeitos aliados, com compromisso de que os apoiem em suas reeleições. Os prefeitos beneficiados, por sua vez, se fortalecem com os recursos, de modo que as eleições municipais 2024 registraram a maior taxa de reeleição de nossa história – 82% dos prefeitos se reelegeram. Nesta toada, é de se esperar um novo recorde para a reeleição do Congresso em 2026. É um modelo de perpetuação no poder, em que os mandatos parlamentares tornam-se pequenas máquinas de gestão orçamentária, voltadas exclusivamente à própria reeleição. Isso sem falar nos inúmeros casos de corrupção que vieram a público, quando parte do dinheiro das emendas sequer vai para obras.

Bolsonaro inflacionou o preço da governabilidade e a falta de maioria parlamentar da esquerda (apenas 130 de 513 deputados) não nos permitiu reverter o processo. Houve um pequeno freio na esculhambação com a Ação de Inconstitucionalidade que entramos pelo PSOL no Supremo Tribunal Federal contra o orçamento secreto, que desencadeou as decisões do Ministro Flavio Dino. Mas as cifras ainda são astronômicas. Para que se tenha ideia, quando Lula governou o país pela primeira vez, as emendas individuais dos deputados eram limitadas a R$4 milhões ao ano e não eram impositivas. Hoje, são de R$38 milhões ao ano para cada deputado e são impositivas, isto é, o governo é obrigado a executá-las. Além das emendas de bancada e de comissões.

Na prática, o governo eleito perde a capacidade de planejar as políticas públicas. A destinação de parte expressiva dos investimentos passa a obedecer à lógica do interesse paroquial, não das necessidades do povo brasileiro. Isso ajuda a explicar por que o governo Lula 3 enfrentou condições mais difíceis para fazer grandes programas e entregas do que os anteriores. Certo dia, na Câmara, um líder do Centrão me encontrou e disse o seguinte: "Você, que é amigo do Lula, diz pra ele que o jogo mudou. Não estamos preocupados com Ministérios, isso dá muito trabalho. Queremos nossa parte no orçamento". Assim, sem rodeios.

E, para completar o cerco, temos a frente de ofensiva ideológica contra o governo. Já vimos, no capítulo anterior, como a extrema-direita construiu adesão de massas à sua visão de mundo. Veremos, no seguinte, as engrenagens da guerra cultural, a partir do manejo do algoritmo das redes e de seu ecossistema digital. O que importa aqui é constatar como, apesar da derrota eleitoral em 2022, eles seguem na ofensiva ideológica, pautando o debate público no Brasil.

É uma operação coordenada. De um lado, tiveram sucesso em potencializar uma visão de mundo individualista e anti-Estado na base da sociedade.

Em 2024, nossa campanha à prefeitura de São Paulo fez uma ampla pesquisa qualitativa, com eleitores da periferia extrema da cidade, para buscar compreender por que nosso crescimento estava abaixo do esperado. Eram camelôs, pedreiros, manicures, motoristas de aplicativo, que estavam declarando voto em Ricardo Nunes e Pablo Marçal. Quando a mediadora do grupo perguntava quem defendia os que mais precisam, a maioria dizia sem pestanejar: "O Boulos". Então, quando perguntados o porquê de declararem voto em outros candidatos, a resposta também era imediata: "Porque eu não preciso, não sou pobre", "o Boulos e a esquerda defendem o povo do Bolsa Família, os sem-teto, que precisam de ajuda do governo. Eu sou empreendedor".

É guerra cultural na veia. São pessoas que usam o SUS, têm filhos na escola pública, alguns tiveram suas moradias pelo Minha Casa Minha Vida, mas incorporaram uma visão de mundo de que não precisam do Estado e das políticas públicas para nada.

De outro lado, há o trabalho de guerrilha digital cotidiana, criando fatos contra o governo Lula e a esquerda a partir de *fake news*. Peguemos o caso do PIX: conseguiram transformar uma medida administrativa da Receita Federal, de combate à sonegação, numa narrativa de que o governo queria taxar o uso do PIX. Essa é a dinâmica das *fake news*. Partem de algum fato real, porque a pura invenção tem menos eficiência e distorcem esse fato sob medida para gerar indignação ou pânico. Foi assim também em

2018, com o famoso "kit gay": uma proposta para combater a intolerância nas escolas foi transformada em narrativa de que a esquerda queria mudar o sexo das crianças. E muitas outras virão.

Falaremos, mais adiante, sobre o que precisamos fazer para virar esse jogo e sair da defensiva, mas o que importa aqui é reconhecer que isso tem diminuído a força social da esquerda. Os três agentes do cerco – mercado, Centrão e extrema-direita – operam cada um ao seu modo, mas o resultado final é uma ofensiva brutal contra o governo Lula, deixando a esquerda e o próprio governo sem capacidade de reação.

2.2 Risco da distopia

É neste cenário que estamos hoje para enfrentar a possibilidade de retorno do bolsonarismo ao poder. Trump mostra o tamanho do risco. Quando alguém que governa defendendo a barbárie, tenta um golpe e, depois, volta consagrado pelo voto popular, retorna com muito mais força. É por isso que, nos primeiros meses do novo governo, Trump conduziu uma ofensiva maior do que na soma quatro anos de seu mandato anterior, até porque a onda de sua segunda eleição lhe deu maioria na Câmara e no Senado. Parece não ter limites ou necessidade de ocultar nada.

No Brasil, as eleições de 2026 vão definir o significado histórico de 2022: se foi um rechaço decidido contra a extrema-direita ou uma breve interrupção em sua ofensiva. E precisamos ter mente que, se o pior acontece, a tendência é repetirem a receita trumpista e voltarem com um fascismo cada vez mais escancarado.

Se não reagirmos a tempo, estamos diante do risco distópico de um ciclo da extrema-direita no poder. Da mesma forma que o PT e a esquerda foram ganhando hegemonia na sociedade brasileira ao longo dos anos 1980 e 90 e, após isso, vencemos quatro eleições presidenciais sucessivas, o bolsonarismo está fazendo sua lição de casa e conquistando cada vez mais espaço na opinião social brasileira.

O risco de um fechamento de regime político é real. Não podemos esquecer que, após perder uma eleição e mesmo com Bolsonaro desgastado, eles tiveram ousadia suficiente para organizar um plano golpista que envolvia o assassinato do Presidente, do vice e de um Ministro do Supremo. Só não puderam executá-lo porque os comandantes do Exército, General Freire Gomes, e da Aeronáutica, Brigadeiro Baptista Junior, se recusaram a aderir, diferente do Comandante da Marinha, Almirante Garnier. A decisão de poucas pessoas evitou uma ditadura sangrenta no Brasil. Agora, imaginem essa mesma turma, depois de tudo, novamente legitimada pelo voto. A chance de devastarem a democracia brasileira, corroendo-a por dentro – a exemplo de Orban, na Hungria – é significativa.

Inclusive, podem avançar nessa direção sem precisar contar com uma atitude golpista das Forças Armadas. As milícias e o crime organizado estão penetrando, há tempos, em vários setores do Estado brasileiro, desde contratos públicos até articulações orgânicas com as forças policiais. A relação do bolsonarismo com as milícias cariocas e com grupos de extermínio que atuam nas polícias é notória e repleta de exemplos. Aliás, não por acaso: o jornalista Bruno Paes Manso mostrou, com detalhes, no livro *A República das Milícias*,[24] como a origem dos grupos milicianos no Rio de Janeiro vem de uma junção de bicheiros com ex-torturadores da ditadura. A utilização de milicianos e narcotraficantes para ataque e eliminação de opositores políticos está longe de ser algo inédito na América Latina. Tanto a Colômbia quanto o México conviveram com essa realidade durante décadas, ainda que em regimes formalmente democráticos.

Para alguns pode soar alarmista, mas olhem em volta. Por um fio, escapamos de um golpe violento em 2022. O Presidente dos EUA faz deportações em massa e diz que os imigrantes "envenenam o sangue da nação". O partido neonazista na Alemanha cresceu de forma assustadora nas últimas eleições. Nem precisa atravessar o oceano, andem nas ruas e conversem com as pessoas, olhem o que circula

---

24 MANSO, Bruno Paes. *A República das milícias*. São Paulo: Todavia, 2020.

pelas redes sociais. A visão de mundo da extrema-direita segue ganhando seguidores no Brasil, de forma sólida e não só entre as elites, mas também nas periferias. Calhou de a nossa geração enfrentar um momento histórico grave e complexo como esse. É preciso estar à altura.

Por isso, tenho insistido em que a esquerda brasileira não pode ceder à miopia na leitura do cenário. É evidente que o governo tem muitos limites, até mesmo pelo cerco que enfrenta desde o primeiro dia. Mas Lula é a única liderança capaz de impedir que o Brasil afunde na barbárie. É uma espécie de barreira de contenção. Sem ele, hoje, o campo progressista se reduz aos 30% que representa na sociedade, sem força para vencer uma eleição majoritária. Não tenho dúvidas de que precisamos reativar a imaginação política e a ousadia para construir o futuro, mas se não frearmos a sanha da extrema-direita agora, qualquer futuro estará seriamente comprometido.

CAPÍTULO III

GUERRA CULTURAL

A direita leu Gramsci, entendeu do seu jeito e partiu para a cruzada ideológica. O grande comunista italiano, que passou anos na masmorra de Mussolini, desenvolveu uma teoria nova para lidar com os desafios de seu tempo. Para ele, as revoluções no modelo bolchevique estavam cada vez mais interditadas no ocidente, pelo maior desenvolvimento e complexidade da sociedade civil. E por isso defendeu que o papel dos socialistas seria disputar a hegemonia por dentro das instituições e da sociedade capitalista, construindo um novo senso comum que tornasse possível a transformação social. Gramsci definiu essa visão como uma aposta na "guerra de posição", diferenciada da "guerra de movimento". O caminho seria, então, formar uma nova maioria social, a partir da atuação de grupos políticos ativos e intelectuais orgânicos.

Foi partindo dessa visão que Olavo de Carvalho, guru do bolsonarismo, definiu Gramsci como o "estrategista da revolução psicológica", "mais perigoso no longo prazo que toda a artilharia do Exército Vermelho".[25] Ele, Steve Bannon – um dos que hoje se sente à vontade para fazer saudação nazista – e outros ideólogos da extrema-direita produziram o diagnóstico de que a esquerda, seguindo Gramsci, tinha ganhado hegemonia na cultura, nas universidades e na imprensa e fizeram, então, o seu chamado à guerra.

Os ataques da extrema-direita às artes, às universidades e a adesão ao negacionismo científico têm aí a sua origem. Quando os bolsonaristas denunciam a "mamata" da Lei Rouanet e atacam artistas ou jornalistas, quando chamam a Rede Globo de comunista e dizem que as universidades são tomadas por pervertidos e drogados, não é um simplesmente um discurso tresloucado para gerar *clicks*. É guerra cultural. Quando Trump e Bolsonaro atacam a vacinação na pandemia ou dizem que o aquecimento global é uma invenção da esquerda, esse negacionismo todo serve ao propósito da guerra cultural. É um método de fazer política.

Após a explosão do Facebook, a primeira plataforma que conectou bilhões de pessoas no mundo

25 CARVALHO, Olavo. *A nova era e a revolução cultural*. Campinas, SP: Vide, 2016.

e horizontalizou a circulação de ideias, a guerra cultural passou a ser feita principalmente pelas redes sociais. A extrema-direita, estando com o radar mais apurado do que a esquerda para este embate, soube se apropriar do campo de batalha e segue, hoje, com ampla vantagem.

Compreenderam e passaram a manejar o algoritmo das redes, criando verdadeiros partidos digitais. Formaram seu próprio ecossistema de informações, com portais para difusão de notícias distorcidas ou abertamente mentirosas.[26] Organizaram uma rede de influenciadores que cumprem o papel que Gramsci atribuía aos intelectuais orgânicos. E, a partir dos aplicativos de mensagens, reuniram comunidades digitais estruturadas para a disputa política. O primeiro grande teste eleitoral dessa máquina foi o Brexit no Reino Unido, em 2016. Depois veio a eleição de Trump no mesmo ano.

3.1 O Algoritmo e o poder das redes

As redes se tornaram, nos últimos quinze anos, o grande instrumento para moldar a consciência das pessoas. A maior parte da humanidade passa muitas horas do seu dia conectada, consumindo informações e formando suas visões de mundo. E

26 O precursor desta estratégia foi o *Breitbart News*, de Steve Bannon.

essa tendência deve se aprofundar nas próximas gerações, cada vez menos ligadas a outros meios de comunicação. É uma virada na história.

Antes da massificação do uso das redes, quem decidia que informações e ideias circulariam eram as grandes corporações de mídia. Opinião pública, dizia sabiamente Millôr Fernandes, é aquilo que se publica. Mas quando todos podem publicar suas opiniões, o jogo muda. As redes permitiram uma democratização inédita da comunicação na sociedade, mas nem os mais ingênuos acreditam que não há um filtro. Esse filtro é o algoritmo, que determina quais publicações serão exibidas para mais gente, quais serão recomendadas no seu *feed* e a teia de associações entre as publicações, isto é, quais conteúdos a rede lhe apresentará a partir do seu padrão de visualizações, curtidas e compartilhamentos.

Quem define o modelo do algoritmo são as grandes plataformas, as *big techs*. Mas, com o volume de dados de bilhões de usuários, seria impossível fazê-lo por uma definição pessoal. Mesmo que Elon Musk e Mark Zuckerberg estejam alinhados com a extrema-direita, não são simplesmente suas posições políticas que definem as ideais que circulam ou não nas redes.

É verdade que são capazes de criar travas de alcance a certos conteúdos e estimular outros, de acordo com suas inclinações ideológicas. A mudança de política da Meta, após a eleição de Trump, e do Twitter, após ser adquirido por Musk, demonstra isso.

É verdade também que isso pode tomar, no futuro, contornos ainda mais explícitos. Mas o algoritmo é uma inteligência artificial moldada para um objetivo bem definido: manter o usuário mais tempo conectado à plataforma. O cálculo é essencialmente econômico, já que mais gente, por mais tempo em determinada rede, representa maior potencial de ganho com anúncios, publicidade e captação de dados.

Max Fischer, no brilhante livro *A máquina do caos*,[27] mostra, com exemplos detalhados, que há um tipo de conteúdo privilegiado pelo algoritmo: aqueles que provocam indignação coletiva nas pessoas. O padrão é o seguinte: um fato atua como gatilho, estimulando uma onda de ódio a um determinado inimigo e formando uma identidade coletiva entre as pessoas que compartilham dessa onda. Um exemplo: a difusão de um vídeo falso, que supostamente mostraria urnas eletrônicas sendo manipuladas pelo Xandão. Esse conteúdo bombástico provoca indignação em quem o recebe, provoca uma onda de ataques ao TSE, à esquerda (que seria a beneficiada) e ao sistema corrompido. Os que compartilham desse sentimento constroem, entre si, um vínculo de identificação, de lutarem pela mesma causa.

Na lógica da economia da atenção, o algoritmo opera uma espécie de funil, que conduz as pessoas que partilham dessa onda de indignação, progressivamente

---

27 FISCHER, Max. *A máquina do caos*. São Paulo: Todavia, 2023.

a conteúdos mais estimulantes e extremos. No nosso exemplo, o funil levaria a conteúdos que defendem uma intervenção militar, explodir o TSE ou a um chamado para acampar em frente a quartéis. Mas isso não ocorre apenas com conteúdos políticos, a questão é prender a atenção das pessoas pela indignação e, a partir disso, afunilar o campo de interesse. Outro exemplo: alguém que interage com certo conteúdo indignante de um assalto à mão armada, com agressão à vítima, passa a receber conteúdos em defesa da liberação de armas, da pena de morte ou de linchamentos públicos a assaltantes. É assim que pessoas, até então ponderadas, assumem uma maior radicalidade em suas posições nas redes, a ponto de tornarem-se irreconhecíveis.

Neste processo, o algoritmo se utiliza – pela aprendizagem de máquina que constitui a IA – de processos consagrados da psicologia social. Todo ser humano, em maior ou menor grau, é carente de validação e reconhecimento pelos outros. O pertencimento a um grupo nos permite esse reconhecimento a partir do processo psíquico de identificação. Nos identificamos com os membros do grupo para sermos aceitos e fazer parte de uma comunidade, obtendo validação social. Esse fenômeno foi descrito por Freud no livro *Psicologia de massas e análise do Eu*,[28] utilizando como referência os grupos re-

---

28 FREUD, Sigmund. *Obras completas*. Madrid: El Ateneo, 2003.

ligiosos e militares, mas está presente em qualquer organização coletiva.

O ideal do grupo, qualquer que seja ele, é o objeto dessa identificação: quanto mais reafirmamos esse ideal, mais reforçamos a gratificação de sermos aceitos e encontramos uma causa, que se torna um sentido de vida na dinâmica do grupo. É assim que as pessoas, em grupo, modificam traços próprios de identidade para estarem em conformidade com esse Ideal e reforçarem seu vínculo com aquela comunidade. Isso explica a razão de, em vários estudos sobre os perfis de rede da extrema-direita, os mais radicais e violentos terem em geral histórico psicológico de rejeição e dificuldade de convívio social. A mesma dinâmica, de modo ainda mais explícito, ocorre na formação das chamadas comunidades *incels* e *redpill* por rapazes que transformam o sentimento de rejeição em identidade misógina violenta. São, em geral, os mais carentes de reconhecimento.

É aí, então, que se formam as famosas bolhas digitais. Como as pessoas sentem prazer em ter identificado um grupo pra chamar de seu, elas passam a receber mais conteúdos de identificação com esse grupo, para permanecerem mais tempo interagindo na plataforma. Esse processo faz desaparecer de seu *feed* qualquer questionamento ou posição contrária. Se o algoritmo só me envia conteúdos que reforçam uma ideia – por exemplo, de que as urnas eletrônicas são manipuladas – formo a percepção de que todos pensam assim e de que, portanto, deve ser verdade.

A repetição gera um novo senso moral compartilhado por aquela bolha, que pode ser de milhões de pessoas. Isso nos ajuda a entender por que pessoas, que tínhamos em boa conta, passaram, de repente, a compartilhar absurdos e *fake news* descaradas nas redes. Ou, no limite, como senhoras bem-educadas e até gentis no trato cotidiano partem, após anos de repetição e radicalização de uma ideia, para quebrar o palácio presidencial e defecar em público numa cadeira do STF. São criaturas do algoritmo.

A psicanálise mostra como esses fenômenos de massa, que resultam da identificação com um grupo, podem promover uma espécie de liberação do Inconsciente, com a suspensão dos limites morais. É a psicologia da guerra, marcada por uma regressão ao primitivo, com o desejo de morte do outro e o estímulo ao heroísmo. Vemos isso não apenas nas atrocidades sádicas das cenas de massacres e guerras entre nações, mas também em situações mais próximas, como brigas entre torcidas de times rivais. Quando um grupo de torcedores espanca até a morte um torcedor rival, a moral de cada um deles parece estar suspensa. Individualmente podem ser pais carinhosos e pessoas sociáveis, mas o efeito do grupo os transforma. A identificação psíquica coletiva está baseada no ideal representado pelo grupo, que Freud chama de vínculo vertical. Mas envolve ainda outro vínculo – horizontal – entre os próprios membros do grupo, um pacto entre irmãos, que canaliza toda a hostilidade para os de fora. E as redes sociais potencializam esses sentimentos.

O efeito das bolhas digitais é tornar o divergente um inimigo. Se alguém está contra uma verdade de que tenho tanta convicção e que se tornou o sentido de vida pra mim, ou esse alguém é burro ou age de má-fé. O espaço para a comunicação de troca de ideias e de convencimento desaparece e o inimigo é desumanizado e merece sofrer impiedosamente todo tipo de ataque, com cancelamentos e linchamentos virtuais. É dessa forma que as redes sociais contribuíram para aguçar as polarizações e ressentimentos sempre existentes na sociedade. Quando um progressista relembra que, há uma década, conseguia conversar civilizadamente com um parente de direita e, hoje, é impossível trocar ideias com um bolsonarista radical, está diagnosticando um sintoma desse fenômeno.

Foi assim que o algoritmo das redes transformou as sociedades nos últimos anos e permitiu a ascensão meteórica da extrema-direita. Os conteúdos, que geram indignação coletiva, são mais recomendados pelas plataformas porque, no fim do dia, dão aos usuários um inimigo, uma causa e uma comunidade onde obtém reconhecimento. Essa gratificação emocional leva a pessoa a ficar mais tempo conectada, ainda mais numa sociedade em que todos estão cada vez mais solitários. É por isso que um vídeo de alguém agredindo um idoso será muito mais distribuído pelo algoritmo do que alguém que o ajude a atravessar a rua. Ou uma teoria da conspiração sobre a vacina terá bem mais engajamento do que o conteúdo de um cientista sobre os benefícios da vacinação. Porque aquilo que gera indignação coletiva retém mais nossa atenção do que fatos louváveis ou verdades científicas.

A extrema-direita foi rápida em entender esse funcionamento e adaptar suas narrativas. Tornaram-se produtores em série desses gatilhos, direcionados àqueles que querem definir como inimigos, sejam imigrantes, LGBTs, políticos de esquerda ou qualquer um que sirva ao propósito de disseminar sua visão de mundo. A partir das ondas de ódio, criaram comunidades, impulsionando o sentimento de identificação em duas frentes complementares: radicalização dos simpatizantes e incorporação organizativa dos radicais, em geral os mais solitários e carentes. Não é por acaso que sua base militante mais aguerrida são idosos desocupados e jovens com dificuldades de convívio social, como pudemos ver na invasão do Capitólio e no 8 de janeiro de 2023.

Mais do que isso, organizaram verdadeiros ecossistemas de guerra cultural nas redes, que possibilitaram a difusão dos seus valores e ideais para além das ondas, mas como uma estrutura permanente de luta política nas redes.

3.2 Ecossistemas de guerra

Na prática, o ecossistema é uma espécie de partido digital: um conjunto de instrumentos organizativos, com centralização política, "intelectuais orgânicos", militância virtual, formação ideológica e um sistema de recompensas simbólicas e afetivas, que anime a militância a permanecer na batalha. Como qualquer partido, o ecossistema digital precisa ter identidades simbólicas, que se traduza em imagens e objetos o pertencimento. Giuliano da Empoli, em *Os engenheiros do caos*,[29] mostra a maneira como a extrema-direita estruturou essas organizações ao redor do mundo, em particular na Itália.

No ecossistema, é preciso diferenciar a guerra cultural da guerrilha digital. A primeira tem a função de disputa ideológica de longo prazo, promovendo os valores e visões de mundo da extrema-direita. Na lógica militar, é como se fosse um exército permanente. A segunda tem a função de disputar narrativas do dia a dia da política, produzindo os discursos, os gatilhos de indignação coletiva e os ataques aos inimigos. É como se fosse um exército de guerrilha.

No Brasil, o principal instrumento de guerra cultural que eles produziram é, sem dúvidas, a Brasil Paralelo. A BP é uma ferramenta ideológica com produção própria de conteúdo e mecanismos de difusão fidelizada via plataforma "Originais BP", uma Netflix do bolsonarismo. Esse é o coração do ecossistema: um *streaming* que inclui documentários, filmes, séries, desenhos animados, cursos e programas de entrevistas. A plataforma tem hoje

---

29 DA EMPOLI, Giuliano. *Os engenheiros do caos*. Belo Horizonte: Vestígio, 2019.

mais de 400 mil assinantes regulares, o que os leva a se autodeclararem o segundo maior ecossistema da extrema-direita no mundo.

Além da produção de conteúdos originais disponibilizados no *streaming*, a BP tem outras frentes: plataforma de e-books gratuita, site de notícias, canal no Youtube com programas regulares e perfis nas redes sociais. É interessante notar que eles não se apresentam abertamente como extrema-direita. Há uma tentativa de vender seu conteúdo como algo jornalístico/neutro, a ponto de se encontrar no seu site de notícias o a seguinte chamada: "PF investiga ameaças de morte contra Lula e Moraes".[30] Os títulos de vários dos documentários e cursos também não são diretamente panfletários. Operam com iscas para atrair qualquer pessoa para os conteúdos, aí sim, evidentemente de extrema-direita.

A BP ainda iniciou uma frente perigosa como uma espécie de fundação educacional. Pela iniciativa "BP Social" oferecem bolsas para parceria com instituições de ensino para fornecer gratuitamente seus conteúdos. É uma tentativa aberta de impulsionar o *homeschooling* a partir de sua plataforma. Foi contra esse projeto que acionamos o Ministério Público Federal no fim de 2024.

30 Disponível em: www.brasilparalelo.com.br.

Na guerrilha digital, os instrumentos mais bem sucedidos da extrema-direita brasileira até aqui são o Gabinete do Ódio, comandado por Carlos Bolsonaro, e o sistema de difusão de cortes criado por Pablo Marçal.

O Gabinete do Ódio é uma ferramenta de ataque ultracentralizada, que tem os seguintes meios: rede de influenciadores sob uma única orientação política; grupos de Zap variados, sensíveis à orientação central; sites de notícias para produção de *fake news* ou manchetes enviesadas; compra de páginas com número de seguidores relevantes; e perfis no Twitter para criar efeito manada e elevar suas pautas de ataque aos Trend Topics.

A operação funciona da seguinte forma: o grupo político define um alvo para o ataque e uma narrativa, que é expressa de imediato pelos sites conectados e reproduzida pelos influenciadores. Simultaneamente, os *links* e os vídeos são difundidos nos grupos de Zap, estimulando os participantes a se engajarem com postagens públicas. Os grupos são alimentados por um sistema de recompensas simbólicas, a partir de promoção de participantes e administradores numa cadeia hierárquica que mimetiza a militar (soldado, capitão, general etc.). É uma operação permanente, com rapidez de ataque e com ampla capacidade de interceder no debate público cotidiano. É esse comando que define boa parte dos gatilhos de indignação utilizados pelo bolsonarismo. Toda a descrição dessa engrenagem está devidamente documentada do Inquérito das *fake news* do Supremo Tribunal Federal.

O sistema que Marçal utilizou nas eleições de São Paulo é, como o Gabinete do Ódio, um instrumento de difusão, mas foi organizado de outra forma. As principais diferenças são o pagamento ou a promessa de pagamento para viralização de cortes e o uso da plataforma Discord para organização da sua tropa. O Discord permitiu a Marçal mobilizar um público muito jovem por ser uma plataforma originalmente do mundo *gamer*. A partir dele, Marçal recrutou milhares de perfis pelo método do campeonato de cortes: quem conseguisse maior engajamento na distribuição de determinado conteúdo, receberia recompensa financeira. O resultado foi assombroso: em pouco tempo, alcançou-se um engajamento maior que o do Gabinete do Ódio, colocando, pela primeira vez, a liderança de Bolsonaro em xeque na extrema-direita e mudando os rumos da eleição da maior cidade do Brasil.

Vivi isso na pele, como o principal alvo da máquina de cortes. Era impressionante como mentiras e ataques sem qualquer base na realidade ganhavam engajamento na rede, em questão de minutos. A equipe de monitoramento e resposta a *fake news* da nossa campanha havia se preparado para responder à máquina bolsonarista, mas o volume e intensidade de viralização da máquina de Marçal era significativamente maior. Com isso, ele conseguiu levar o sentimento daquela eleição para a direita, naturalizar Ricardo Nunes – apesar de todos seus escândalos – para o eleitorado ao centro e, de quebra, ampliar nossa rejeição de um modo que nem o latifúndio de tempo de TV do prefeito seria capaz. Só conseguimos baixar a rejeição na última semana do segundo turno, quando não havia mais tempo para mudar o jogo.

Esses três exemplos dão uma dimensão prática do porquê a extrema-direita brasileira está ganhando a guerra nas redes de modo acachapante no Brasil. Eles investiram numa plataforma de disputa ideológica no longo prazo. Nós não. Eles construíram instrumentos de guerrilha digital para pautar a narrativa política cotidiana. Nós não. Enquanto eles atuam com uma narrativa unificada, operando o mesmo ataque simultaneamente em seus principais perfis, cada perfil relevante da esquerda trata de um assunto diferente. Quem abre o Instagram e passa o *feed* vai ver o argumento da direita repetido nas mesmas palavras e inúmeras vezes e não conseguirá perceber o que a esquerda quer comunicar.

Sabem qual é o resultado dessa disparidade? Os partidários da extrema-direita defendem suas ideias com mais convicção e de forma mais aguerrida do que os nossos. Em agosto de 2022, a Quaest fez uma pesquisa qualitativa bem interessante com catorze grupos, em que metade era eleitora de Lula e metade de Bolsonaro. A dinâmica de todos os grupos revelou um padrão: os eleitores bolsonaristas declaravam prontamente seu voto e defendiam com firmeza suas posições, enquanto os lulistas, embora convictos, eram mais silenciosos e preferiam não entrar na batalha argumentativa.[31] Este exemplo é a expressão do que chamamos de "espírito missionário" que a extrema-direita produziu em seus adeptos a partir da guerra cultural. E ajuda a entender por que a esquerda foi colocada na defensiva.

Para retomarmos a ofensiva e travar o embate em condições de igualdade precisamos enfrentar três grandes desafios: traduzir nossa visão de mundo com um horizonte mobilizador, disputar a guerra cultural nas redes sociais e retomar a presença ativa nos territórios populares. É desses desafios de que falaremos no último capítulo.

---

31 NUNES, Felipe; TRAUMANN, Thomas. *Biografia do abismo*. Rio de Janeiro: Harper Collins Brasil, 2023.

CAPÍTULO IV

PRA ONDE VAI A ESQUERDA?

Vivemos um paradoxo: a esquerda nunca foi tão necessária para a civilização, mas poucas vezes esteve tão atônita como hoje. Estamos diante de dilemas que, nas circunstâncias atuais, só a esquerda pode responder. A ascensão do fascismo do século XXI, o risco da catástrofe climática, o aumento inédito das desigualdades sociais e a perda de referência ética em valores humanos solidários. A crise atual não é só econômica ou política, é uma crise de destino.

A distopia bate à porta. A aliança da extrema-direita com os bilionários globais não coloca em risco somente a democracia. Quando Noam Chomsky disse que o partido Republicano de Trump é a mais perigosa organização terrorista do planeta e uma ameaça para a humanidade, ele não estava exagerando.[32] A hegemonia da extrema-direita nos leva para o abismo civilizatório.

Primeiro, por seu negacionismo da crise climática. A cada ano, os relatórios do IPCC (Painel Intergovernamental sobre Mudanças Climáticas) são mais alarmantes: a última década foi a mais quente já registrada na história. O aumento de 1,5°C na temperatura do planeta, alcançado em 2024, implica 950 milhões de pessoas expostas à seca e desertificação, e o crescimento de 24% do número de pessoas expostas a inundações.[33] Esse marco significa, segundo os cientistas, atingir mudanças potencialmente irreversíveis. A insistência nos combustíveis fósseis, na mineração predatória e na ampliação das fronteiras agrícolas com desmatamento pode tornar o século XXI o século do colapso. Quando Trump tira os EUA do Acordo de Paris e Bolsonaro manda "passar a boiada" na Amazônia, o recado não poderia ser mais claro.

Segundo, por suas políticas de ampliação da desigualdade social. Nunca, na história do capitalismo, tivemos uma concentração de renda nas mãos do 1% mais rico tão grande como hoje. Em 2024, surgiram 204 novos bilionários no mundo, mais ou menos quatro por semana. Seguindo essa tendência,

---

32 ALVÍDREZ, Saul. *Chomsky & Mujica*. Rio de Janeiro: Civilização Brasileira, 2024.

33 Relatório anual do IPCC, 2023.

em uma década, teremos os primeiros trilionários do planeta, enquanto a renda dos trabalhadores caiu ou se manteve estável na maior parte dos países.[34]

A política econômica defendida pela extrema-direita é nada mais que o interesse sistêmico dos bilionários: combate à tributação progressiva, desregulamentação completa dos mercados e retirada de direitos trabalhistas, tudo em nome da liberdade econômica. Não foi uma coincidência o Brasil ter voltado ao mapa da fome durante o governo Bolsonaro, como tampouco foi acaso Trump ter escolhido Elon Musk – o maior bilionário do mundo e representante das *big techs* – para cuidar do corte de gastos públicos nos EUA. É a representação direta dos privilégios econômicos no poder, aprofundando a desigualdade social.

E isso é legitimado ideologicamente pelo discurso da meritocracia, que, de forma conveniente, ignora que 60% das riquezas dos bilionários provêm de herança, monopólio ou corrupção.[35] Na narrativa da extrema-direita, extraída diretamente da fonte neoliberal, as oportunidades estão aí para todos e as desigualdades expressam simplesmente a diferença entre aqueles que tiveram espírito empreendedor para prosperar e aqueles que não tiveram e, por isso, fracassaram.

---

34 OXFAM. Às custas de *quem?*, 2025.

35 OXFAM. Às custas de *quem?*, 2025.

É aí que entra a terceira ameaça civilizatória: a destruição do senso de comunidade. Não cabe aos trabalhadores organizarem-se coletivamente para obter conquistas, nem ao Estado desenvolver políticas de solidariedade social para o combate às desigualdades. A sociedade torna-se uma arena de todos contra todos e a luta pela sobrevivência é tratada como uma questão individual. É cada um por si, de preferência armados, para enfrentar a selvageria da violência, que emerge sempre que os valores solidários da comunidade humana são corroídos pela lógica da guerra. O ideal da extrema-direita é o "estado natural" hobbesiano, que antecede o contrato social.[36]

Esta é a crise de destino que enfrentamos no século XXI. É compreensível que a rápida ascensão dessa perspectiva distópica tenha deixado a esquerda, num primeiro momento, sem reação. O ideal de que somos representantes e pelo qual sempre lutamos é justamente o oposto disso: enfrentamento às desigualdades sociais, combate efetivo às mudanças climáticas e uma perspectiva ética baseada na solidariedade e em soluções coletivas. Em poucos anos, emerge com força um movimento capaz de jogar

---

36 Para o filósofo Thomas Hobbes, o estado natural seria marcado pela ausência de leis, onde todos podem tudo, estando em guerra permanente. O contrato social estabeleceria as normas para a convivência social entre os seres humanos.

todas as conquistas históricas no lixo e o futuro da humanidade no abismo.

Não tem como não sofrer um baque. Pensar em tantas lutas que foram necessárias para chegar até aqui. Em tanta gente que deu suas vidas por elas. Em tantas conquistas que acreditávamos não terem volta atrás e que, hoje, estão ameaçadas. A primeira reação foi de perplexidade. Depois, veio a esperança de que não seria algo duradouro, de que logo todos perceberiam a insanidade que eles representam. Enfim, quando nos demos conta de que tinham vindo para ficar, a esquerda entrou num momento de apatia e confusão, nos perguntando onde é que erramos. É nesse lugar em que estamos hoje. É evidente que não deixamos de lutar, fizemos o que podíamos, vencemos as eleições de 2022 no Brasil, mas a falta de horizonte permanece.

Momentos de confusão sobre rumos políticos produzem sempre um certo autoflagelo e propostas de atalhos mágicos. Não é difícil perceber como o senso médio dos progressistas – nas redes sociais, espaços de militância ou conversas de bar – está marcado, hoje em dia, pelo autoflagelo. Aliás, não só no Brasil. Sempre temos a tendência de ver a grama do vizinho como mais verde, mas, conversando com lideranças de esquerda da América Latina, da Europa ou dos Estados Unidos, vemos que a situação não é muito diferente daqui.

Na falta de horizonte de ação, muitos dos progressistas acabaram se tornando comentaristas resignados da situação da esquerda, como um torcedor que reclama da arquibancada (ou do camarote) quando seu time está perdido em campo: "a esquerda não sabe usar as redes", "abandonou o trabalho de base", "precisa se renovar" e outros tantos clichês que, embora expressem muitas vezes a realidade, demonstram apenas o sentimento de impotência e amargor diante de um cenário político difícil. Já não temos tempo para diagnósticos de Twitter, autoflagelo público e para a eterna cobrança por autocríticas. Muitas vezes, grupos e figuras de esquerda se perdem naquilo que Freud chamou do "narcisismo das pequenas diferenças",[37] a necessidade psíquica de amplificar diferenças menores para afirmar sua própria identidade. A gravidade do momento exige responsabilidade histórica em buscar construir estratégias comuns e em direcionar para a ação toda a energia militante. Afinal, um militante não pode se comportar como um torcedor, mas colocar-se como parte do time e entrar em campo.

Esses momentos de confusão dão espaço a vozes que propõem saídas miraculosas para as dificuldades da esquerda, saídas para todos os gostos – pragmáticos ou radicais – e que podem até parecer razoáveis e sedutoras. Mas a verdade é que o desespero nunca foi um bom conselheiro. Vejo hoje dois atalhos que

37 FREUD, Sigmund. *Obras completas*. Madrid: El Ateneo, 2003.

a esquerda precisa superar para cumprir seu desafio histórico.

4.1 Atalhos perigosos para a esquerda

O primeiro atalho e também o mais perigoso é o que podemos chamar de centrismo. Os defensores dessa posição partem de um diagnóstico correto, mas oferecem uma solução errada. Reconhecem a gravidade do risco representado pela extrema-direita, com seu potencial de fechamento democrático e desagregação social. Mas, diante dessa situação, propõe que a esquerda abandone sua identidade para poder vencer a batalha. É uma tática de dar os anéis para manter o dedo, mas, neste caso, a entrega dos anéis apenas antecederia a perda do dedo.

A ideia é que a esquerda deveria deixar suas bandeiras encostadas em algum canto e ceder lugar ao chamado "centro político" como protagonista no enfrentamento ao fascismo. Vejam bem que é algo diferente do que aliar-se a partidos e figuras centristas para formar uma frente contra a extrema-direita. Isso já ocorreu aqui com a frente ampla de Lula e segue ocorrendo em várias partes do mundo. Num momento de ofensiva da direita é correto que a esquerda busque as alianças mais amplas para poder derrotar o inimigo. A margem reduzida da vitória sobre Bolsonaro mostra que, sem a frente, é provável que o resultado tivesse sido outro.

Mas o atalho proposto vai além da aliança. É a defesa de que, diante do cenário desfavorável, a esquerda abra mão da disputa. Deixe de lançar uma alternativa presidencial para tornar-se auxiliar de um projeto de centro, em nome do enfrentamento à extrema-direita. A questão é que uma posição como essa tem o efeito prático do abandono da disputa de valores e visões de mundo com a direita, transformando o debate público num monólogo. A ausência de um projeto de esquerda na disputa política significaria tirar da agenda pública o combate às desigualdades, a tributação de bilionários, a pauta antirracista, a defesa dos direitos dos trabalhadores, o enfrentamento à especulação imobiliária, dentre tantas outras questões.

O resultado seria levar a opinião pública ainda mais à direita, porque, como bem dizem os Racionais MCs, quem não é visto não é lembrado. Se, com a esquerda disputando visões na sociedade, já estamos numa situação difícil, imaginem, então, se deixarmos de fazer a disputa. É uma saída suicida, própria de tempos de confusão estratégica. Para alguns, essa linha é motivada pelo desespero compreensível ante o fascismo, mas, para outros, por puro oportunismo político, dourado cinicamente como pragmatismo realista.

A posição de transformar a esquerda em centro inscreve-se no que Lacan, tratando da renúncia do próprio desejo, chamou de "covardia moral".[38] A

---

38 LACAN, Jacques. *Outros Escritos*. Rio de Janeiro: Zahar, 2003.

covardia moral é uma posição psíquica de cair antes da queda, ou seja, render-se como antecipação a um risco de frustração. E, com isso, lógico, produzir a própria frustração. Numa guerra difícil, mas possível de ser vencida, entregar-se sem lutar é um ato de covardia.

E, pior, a tendência é que o atalho centrista, além de anular a esquerda, seja derrotado pela extrema-direita. A polarização política, gostemos ou não, é uma característica do nosso tempo. O fim melancólico do PSDB não é apenas um fenômeno brasileiro. Partidos de centro têm perdido espaço político no mundo inteiro. Após a irrupção da onda fascista, em 2016, a regra é uma polarização entre eles e a esquerda, por vezes aliada ao centro, mas à frente do processo.

Numa visão superficial, essa crítica pode ser confundida com a defesa de um hegemonismo da esquerda, que seria incapaz de largar o osso e abrir mão de protagonismo por um interesse maior. Não se trata disso. Como vimos no terceiro capítulo, o algoritmo das redes sociais conduz à radicalização de posicionamentos na sociedade. Foi isso que proporcionou o crescimento tão rápido da extrema-direita e é também isso que faz da esquerda a principal força capaz de derrotá-la. Posições moderadas de centro não engajam, não apaixonam e nem mobilizam as pessoas. Por isso, a era da política digital e sua guerra cultural têm eliminado o centro político como ator relevante em disputas majoritárias. E é exatamente por isso que, apesar do diagnóstico correto sobre os riscos que estamos vivendo, o centrismo oferece uma saída completamente equivocada.

O segundo atalho é que podemos chamar de sectarismo. É o caminho inverso do centrismo. A proposta, neste caso, é que a esquerda deveria radicalizar mais suas posições, afirmá-las sem nenhum tipo de concessão e sequer buscar alianças com o centro para derrotar o fascismo. É uma espécie de purificação da esquerda que, nessa visão, seria o caminho para disputar a insatisfação social e o sentimento de antipolítica com a extrema-direita. A lógica da proposta seria construir uma esquerda totalmente antissistema para enfrentar o discurso antissistêmico do outro lado. Mas esta posição tem um conjunto de problemas.

Primeiro, a suposição de que o sentimento antissistema é algo neutro, como se fosse um significante vazio. Nesse caso, seria uma disputa de quem oferece a receita mais radical: quanto mais radical for – à esquerda ou à direita – ganharia a adesão de multidões que se sentem excluídas e rejeitam o sistema político. Bem, se fosse assim, seria difícil explicar como grupos políticos que há décadas fazem um discurso radical e contundente contra o sistema capitalista – a exemplo do PSTU, no Brasil – não têm grande sucesso social e eleitoral.

O problema de fundo dessa leitura é simplificar demais os fatores que levaram à ascensão do fascismo do século XXI, como se fosse apenas um discurso acertado no momento correto. Vimos, no primeiro capítulo, a complexidade de fatores que levaram sua falsa narrativa antissistêmica a ter potencial de massas: a fragmentação da classe trabalhadora, que amplificou a lógica do cada um por si e do empreendedorismo; a apropriação eficiente do algoritmo das redes sociais; a reação conservadora contra os avanços de pautas feministas, antirracistas e LGBTs; a sensação permanente de insegurança, que produziu o modelo Bukele; e, ainda, no Brasil, o trabalho de base consistente das igrejas evangélicas nas periferias urbanas. O sentimento de antipolítica é somente um fator dentre esses todos.

Considerar que o grande problema da esquerda é uma adaptação do discurso para torná-lo mais radical representa, no limite, a adesão a uma tradição iluminista, que atribui um poder quase mágico às palavras, como se um discurso racional "correto" fosse o suficiente para mobilizar as massas. Aliás, antes fosse assim, nossos desafios seriam bem mais simples. Essa tradição, não por acaso, sempre esteve ligada a uma esquerda acadêmica, sem enraizamento popular, que costuma atuar como consciência crítica da esquerda que tem maior influência social, eleitoral e de mobilização. Uma espécie de vanguarda sem retaguarda.

Nesse sentido, a posição sectária guarda um distanciamento da vida real do povo. Tem dificuldades de lidar com as contradições entre o real e o ideal e, por isso, desvaloriza pequenas conquistas e melhorias, que, embora limitadas, têm impacto significativo na ponta. Isso faz com que se prendam a uma visão tão idealizada quanto atrasada dos dilemas reais da classe trabalhadora. Tomemos duas questões emblemáticas, que são elementos centrais do repertório da ofensiva da extrema-direita: o empreendedorismo e a segurança pública.

Existem várias formas de trabalho por conta própria e precarizados que a ideologia neoliberal enquadrou no conceito de empreendedorismo. Da manicure da periferia que abre seu salão aos entregadores e motoristas por aplicativo. Do trabalhador que faz da sua casa um pequeno estoque para vendas no Mercado Livre à boleira que se credenciou no Ifood. E tantas outras. Qualquer conversa direta com esses trabalhadores – e fiz muitas nos últimos anos – e as inúmeras pesquisas qualitativas realizadas com eles revelam nitidamente as duas vantagens que enxergam nessas formas de trabalho: não ter chefe e ter relativo controle do próprio tempo. Não por acaso, como já vimos, 46% dos trabalhadores brasileiros expressam como perspectiva de futuro ter um negócio próprio, bem à frente do segundo lugar, passar num concurso público, com 11%.[39]

Parte da esquerda tem grande dificuldade de reconhecer essa nova realidade do mundo do trabalho.

---

39 Instituto Locomotiva, 2024.

Não há dúvidas de que a maioria dessas formas de trabalho, especialmente nas plataformas, caracteriza-se por uma superexploração, com jornadas exaustivas, sem qualquer proteção social e com lucros enormes para as empresas. Também não há dúvidas de que o conceito atual de "empreendedorismo" foi uma criação neoliberal para esvaziar a consciência de classe e impor a concorrência entre os trabalhadores. A questão é o que oferecemos como horizonte: se a defesa desses trabalhadores é feita apenas a partir do que a esquerda acha importante para eles ou se colocamos na equação também aquilo que eles consideram importante. Se vamos pelo primeiro caminho, seguiremos desconectados destes trabalhadores, que facilmente são seduzidos pelo discurso meritocrático da extrema-direita. É essencial construir pontes reais – com propostas objetivas – para as milhões de pessoas ganhas pela lógica do empreendedorismo. O sectarismo enxerga isso como um recuo inaceitável em seus princípios.

Algo análogo ocorre com a questão da segurança pública. Entender que a criminalidade e a violência urbana são produtos de uma sociedade profundamente desigual e que nunca teremos um ambiente seguro num país miserável é um importante ponto de partida. Mas não podemos nos limitar a essa declaração de intenções, até porque a violência urbana atinge, em cheio, inclusive os mais pobres. Outro dia, num evento no Capão Redondo, uma senhora me abordou dizendo o seguinte: "eu trabalho como doméstica e, na semana passada, estava às 5:30 da manhã no ponto de ônibus. Veio um cara de moto e roubou meu celular, eu estava pagando a segunda prestação". A esquerda precisa ter algo a responder para essa senhora e para milhões de trabalhadores que sofrem com a insegurança.

Se não tivermos uma proposta consistente para segurança pública, que passe pelo combate à criminalidade – especialmente ao crime organizado e suas conexões no poder político e econômico – seguiremos deixando a essas pessoas o discurso da extrema-direita como única alternativa. E reforçaremos ainda mais a caricatura que construíram do "pessoal dos direitos humanos" como defensores de criminosos. Mas, para os sectários, isso significa fortalecer o punitivismo e embarcar na lógica da extrema-direita. Exemplos como esses retratam bem o maior problema desta posição política: em nome da pureza dos ideais, se desconectam do sentimento e das demandas do povo. É claro que disputar a consciência popular não é ceder simplesmente ao senso comum, mas não se pode negar a realidade como ela é.

O atalho sectário ao menos tem como defensores pessoas bem-intencionadas, militantes com compromisso autêntico com a transformação da sociedade, diferente de muitos que propõem o atalho centrista. Mas nenhum dos dois oferece uma saída para os dilemas da esquerda no século XXI. O centrismo acerta na gravidade do diagnóstico, mas oferece uma solução suicida para a esquerda. O sectarismo acerta no espírito de mudança, mas joga a esquerda para fora da disputa, mais preocupada com uma suposta pureza de princípios do que com a disputa real dos rumos da sociedade. Até aqui, a esquerda brasileira tem acertado em evitar estes atalhos, que seguem sendo minoritários em nosso campo político.

Não há caminho fácil para responder à crise que estamos vivendo. A saída que permita à esquerda oferecer um horizonte político mobilizador, que recupere a paixão militante, e, ao mesmo tempo, esteja conectada com aderência ao sentimento popular é sempre um fio da navalha, sujeita à calibragem permanente.

Vivenciei esse dilema, de forma direta, nas duas campanhas que participei para a prefeitura de São Paulo. De um lado, era preciso vencer os ataques que, por minha trajetória no MTST, colocavam-me como extremista e desordeiro, incapaz de governar a maior cidade da América Latina, e que geravam medo nas pessoas. De outro, disputar o modelo de cidade em que acreditamos, com enfrentamento às desigualdades, foco nas periferias e combate à especulação imobiliária que dita os rumos da política urbana. De um lado, buscar dialogar com o fenômeno do empreendedorismo, com uma consciência dominante anti-Estado. De outro, defender uma forte atuação social do Estado e enfrentar a privatização dos serviços públicos. Não é uma receita fácil, por isso nem sempre acertamos na calibragem, de um lado ou de outro.

Mas estou convencido de que o nosso caminho passa por enfrentar esse fio da navalha. Esta é a disputa política real da esquerda. Quem opta por abandoná-la por uma adesão a caminhos mais fáceis, decide não travar a batalha e render-se a um cinismo pragmático. E quem opta pela pureza inegociável dos posicionamentos, decide relegar-se à impotência na ação, em pequenos círculos incapazes de disputar maiorias sociais. A esquerda enfrenta hoje, no mundo todo, esse dilema. Aqui o governo Lula enfrenta esse dilema.

Alguns acreditam que falta sonho e utopia à nossa esquerda e que, por isso, perdemos a capacidade de atrair e mobilizar o povo. Não vejo assim. O que falta hoje à esquerda é traduzir a nossa utopia ao século XXI, expressá-la de forma simples e disputá-la na realidade. Estamos perdendo por WO a guerra cultural não por carência de horizonte, mas porque deixamos de traduzir e disputar esse horizonte; enquanto a extrema-direita o faz todos os dias.

Recuperar o espírito missionário e aguerrido, que sempre foi nosso, passa por resgatar o sentido da militância de esquerda. Por traduzir esse sentido numa visão de mundo simples e mobilizadora, como fizeram nossos inimigos. E, ainda, por disputar essa visão de mundo nos territórios populares e nas redes sociais. Acredito que esse é o caminho que precisamos trilhar para sair da defensiva e derrotar o fascismo do século XXI.

4.2 Retomar a ofensiva

Minha grande escola de formação política e humana foram as ocupações de sem-teto. Ali, convivendo com pessoas que carregam as dores da humilhação social, aprendi a diferenciar o que vale a pena na vida. Ver gente que até então era desconhecida entre si formando comunidade e lutando junto. Ver quem tinha um pouco mais de comida dividindo com quem tinha menos. Ver brilhar potenciais e vocações que estavam adormecidos em algum lugar das pessoas mais simples. Ver a indignação de milhares de pessoas canalizada em espírito de luta contra os verdadeiros responsáveis por seu sofrimento. Tudo isso me ensinou a ter força e esperança para atravessar os momentos políticos mais difíceis e me deu a convicção de que estamos do lado certo.

No Brasil, desde o golpe de 1964, esse fervor militante sempre esteve com a esquerda. O sentimento de ter uma missão histórica a cumprir: derrotar a ditadura, combater as desigualdades, construir um horizonte de futuro com justiça e solidariedade. Foi esse espírito que levou milhares de brasileiros a darem suas vidas, a suportarem torturas brutais e, mesmo assim, seguir lutando. Depois, veio uma geração que lutou para que a democratização política fosse também econômica e social. Que fez greves, organizou comunidades de base nas periferias, ergueu o SUS e foi para as ruas para conquistar direitos que mudaram a cara do nosso país.

Nossa geração é herdeira de todas essas lutas. Quando a esquerda chega ao governo, com Lula em 2002, muitas delas foram transformadas em conquistas sociais. Ao longo de treze anos, o Brasil saiu do mapa da fome, o salário mínimo teve valorização real de mais de 60%, pessoas negras entraram nas universidades, enfim, o Brasil mudou para melhor. Mas não se fica mais de uma década no governo sem efeitos colaterais. Os limites da institucionalidade e as contradições do poder foram arrefecendo o espírito de luta da esquerda, o que foi agravado ainda por uma opção política em não mobilizar a sociedade para avançar nas transformações.

É preciso também ter em mente que os brasileiros mais jovens já nasceram sob o governo Lula e, por isso, tendem a naturalizar as conquistas da esquerda como algo sempre dado. E nós falhamos em fazer a disputa política dessas conquistas. Como bem disse Pepe Mujica sobre o ciclo de governos progressistas na América Latina – do qual ele próprio foi parte – melhoramos a vida das pessoas, mas não formamos cidadãos, ou seja, não disputamos a consciência sobre direitos e valores na base da sociedade. Foi nesse contexto de uma esquerda morna, embora governando com políticas populares, que a extrema-direita tomou para si o espírito missionário.

A ameaça do fascismo do século XXI torna urgente um chacoalhão no nosso campo enquanto há tempo de evitar o pior. Nunca a esquerda foi tão necessária pelo simples fato de que não há nenhuma outra força política capaz de barrar o fascismo. É claro que não se trata apenas de uma tomada de decisão de retomar a ofensiva. É como uma pessoa que sofre de depressão. Não adianta dizer "saia da cama". É preciso terapia, por vezes medicamentos para que o deprimido consiga se levantar. Mas também há decisão: se alguém se entregar à depressão, não existe terapia ou remédio que resolva. Para que a esquerda retome a ofensiva e recupere o espírito militante precisamos do esforço consciente de cada um de nós que a constrói, mas também ter claras nossas missões e como cumpri-las.

Podemos definir nossos desafios atuais em três missões, que traduzem nossa visão de mundo e o nosso lado na história: a missão social, a missão civilizatória e a missão ética. E definir o método para dar conta delas em uma frase: mão no celular e pé no barro. É desses desafios que trataremos agora.

4.3 Missão Social

Nunca as sociedades humanas tiveram tantos recursos materiais e nunca esses recursos foram distribuídos de forma tão desigual. O marco do aumento das desigualdades no mundo foi a década de 1980, quando a hegemonia neoliberal tirou praticamente todas as travas para o fluxo de capitais e enfraqueceu a regulação pública sobre as finanças e as relações de trabalho. Diziam então que era o início de uma era de liberdade. O tempo mostrou que o que se inaugurou ali foi uma grande era das desigualdades.

De 1980 a 2014, a renda per capta dos EUA cresceu 61%. Mas para os 50% mais pobres esse crescimento foi zero, mantendo a mesma participação no bolo, enquanto para o 1% mais rico, foi de 205%. No mundo todo, o conjunto de pessoas que vivem na pobreza permaneceu exatamente o mesmo: 44% da humanidade, entre 1990 e 2024.[40] Já o 1% mais rico capturou 38% do crescimento da riqueza global num período semelhante, de 1995 a 2021.[41] Neste momento, apenas 8% da população mundial vive em países com baixo índice de desigualdade. E essa situação tende a piorar ainda mais, porque, desde 2022 – no pós-pandemia – 80% dos países reduziram investimentos em educação, saúde e proteção social e 90% dos países tiveram retrocessos no valor do salário mínimo e em direitos trabalhistas.[42] E para piorar sequer entregaram o que prometeram: crescimento econômico próspero. Os estudos de Thomas Piketty mostram que a média de crescimento entre 1990 e 2020 foi a metade da média entre 1950 e 90, quando vigorava o Estado de Bem-Estar no

---

40 DOWBOR, Ladislau. *A era do capital improdutivo*. São Paulo: Outras Palavras & Autonomia Literária, 2017.

41 Laboratório da Desigualdade Mundial, 2021.

42 OXFAM. *Às custas de quem?*, 2025

Norte Global e as tributações sobre o capital e os bilionários eram maiores.

O gráfico mostra como, a partir da era neoliberal, os salários dos trabalhadores estagnaram, mesmo com o crescimento da produtividade do trabalho. Desde então, a aposta do sistema foi no endividamento sistemático das pessoas para poderem ter uma vida que seja algo mais que a simples sobrevivência. Como o salário não dá mais conta é preciso recorrer aos bancos. Foi na década de 1970 que surgiram os primeiros cartões de crédito da American Express. Nos anos 1980 surge a Mastercard. Os cartões de crédito individuais foram massificados no mundo inteiro e o endividamento tornou-se condição não apenas para que os trabalhadores pudessem acessar um padrão de consumo além da sobrevivência, mas literalmente para a própria sobrevivência: a principal causa de inadimplência no endividamento pessoal dos norte-americanos são dívidas com planos de saúde por doenças ou acidentes.[43] Ao mesmo tempo, Reagan revogou a regulação norte-americana que limitava as taxas de juro a 10% ao ano, deixando o povo refém do apetite voraz dos bancos.

Este contexto de retrocessos não se desenvolveu sem enfrentamentos e resistências. No Brasil e em boa parte da América Latina, tivemos avanços significativos por conta da onda de governos progressistas na década de 2000. Vejamos os dados dos governos Lula 1 e 2.[44] A parcela da população que vivia com menos de meio salário mínimo foi reduzida de 46% para 29% e o número de pessoas na miséria caiu de 45 milhões para 16 milhões. A taxa de desemprego caiu de 12% para 5%, e o Brasil saiu do mapa da fome da ONU. Tendência semelhante pode ser vista em outros países latino-americanos que viveram o ciclo de governos progressistas. Mas parte desses avanços foi revertida, com a chegada da extrema-direita aos governos na década seguinte.

Aqui Temer preparou a chegada de Bolsonaro com o Teto de Gastos, a Reforma Trabalhista e um choque recessivo que fez o desemprego crescer de 6,7 milhões de trabalhadores em 2014 para 13,2 milhões em 2017. A partir de 2019, a extrema-direita completou o serviço com a Reforma da Previdência e a autonomia do Banco Central. Além dos resultados

---

43 GRAEBER, David. *Dívida*. Rio de Janeiro: Zahar, 2023.

44 ROSSI, Pedro. *Brasil em disputa*. São Paulo: Planeta do Brasil, 2024.

sociais trágicos, como a volta do Brasil ao mapa da fome e o aumento da desigualdade no índice Gini, o efeito econômico foi perverso: o crescimento médio do PIB entre 2015 e 22 foi de 0,2%. Na década anterior, entre 2003 e 14, foi de 3,5%.[45]

A explosão da desigualdade nos últimos quarenta anos é resultado da transformação da economia mundial num grande cassino. Quando Thatcher e Reagan eliminaram normas que ainda impunham limites ao capital financeiro, abriram as portas do inferno. Portas que, pouco depois, foram escancaradas por Bill Clinton, com o fim da diferenciação entre bancos comerciais e bancos de investimento.[46] Essas medidas potencializaram um grande monstro, chamado mercado de derivativos, que hoje representa o maior fluxo financeiro do mundo. O mercado de derivativos movimenta, atualmente, um valor aproximado de U$700 trilhões por ano, quase sete vezes o PIB de todas as nações somadas.[47]

Mas o que são os derivativos? São títulos de contratos bilaterais, transformados em ativos financeiros,

---

45 ROSSI, Pedro. *Brasil em disputa*. São Paulo: Planeta do Brasil, 2024.

46 Os bancos comerciais – que gerenciam as contas correntes de qualquer cidadão – eram até então impedidos de fazer as mesmas operações especulativas que os bancos de investimento, para garantir a segurança dos correntistas. O governo de Bill Clinton revogou essa norma.

47 BIS, 2024.

que têm seu valor derivado da expectativa de preço futuro do objeto daquele contrato. Parece que estamos falando grego, mas quando saímos do tecnicismo dos economistas não é tão difícil de entender. Um exemplo: uma corporação multinacional da metalurgia faz um contrato futuro de compra de 10 mil toneladas de minério de ferro a U$100 por tonelada. O contrato prevê que a produtora do minério, em 2030, executará a venda para aquela corporação por esse valor. A princípio, a lógica deste contrato é uma espécie de seguro, que garante que a mineradora terá para quem vender e que a metalúrgica terá o seu produto garantido. A metalúrgica, para reduzir seu risco de perda caso o preço do minério de ferro esteja mais baixo em 2030, transforma o contrato com a mineradora num ativo financeiro.

O nome deste processo é securitização e é dele que nasce o mercado de derivativos. Um banco ou um fundo de alto risco compra esse título e especula sobre a variação do preço futuro do minério de ferro, isto é, quanto ele custará em 2030. Se o valor tender para mais do que U$100 a tonelada, ele ganha, senão perde. Se perceber que pode ter perdas, esse banco revende o derivativo para outro agente financeiro e assim indefinidamente. É um verdadeiro cassino de apostas especulativas, que acaba por influenciar o preço do minério de ferro na economia real. O capitalismo do século XXI é movido por esse processo insano, que faz as *bets* esportivas ou o jogo do tigrinho parecerem inofensivos e recomendáveis à saúde.

A crise de 2008 é filha deste cassino. Os bancos que davam crédito habitacional para famílias que não tinham condições de pagamento – os créditos *subprime* – revenderam no mercado de derivativos esses contratos de crédito para milhares de outros bancos, fundos e seguradoras, para reduzir o impacto de uma possível inadimplência. Quando a crise estourou e ficou claro que esses créditos eram podres, isto é, não seriam pagos, ninguém mais sabia quem era o credor final, o que contaminou a economia mundial inteira com risco de falências de grandes bancos e corporações. Foi assim que o cassino VIP dos bilionários globais produziu milhões de desempregados e arrasou a vida das pessoas no mundo inteiro.

O mercado financeiro transformou, a partir dos derivativos, absolutamente tudo em objeto de especulação: o minério de ferro e o câmbio futuro, os títulos da dívida pública e o valor do barril de petróleo, o preço dos alimentos e a taxa de juros futuros de um país. Por isso que mobiliza quase sete vezes o PIB mundial. Por que o preço do café ou de quaisquer *commodities* pode aumentar violentamente de uma hora para outra, mesmo sem fatores naturais que o justifique? Suponhamos que a safra mundial do café foi abaixo do esperado, mas sem nenhuma catástrofe. O preço poderia aumentar um pouco no mercado mundial pela redução da oferta. Com os derivativos, a safra menor pode funcionar como um sinal alarmista de aumento de preço futuro, e com isso o movimento especulativo faz o preço do café aumentar muito mais do que se justificaria pela safra. O efeito manada do cassino na Bolsa de Chicago – onde se define a cotação de boa parte do preço dos alimentos – vai influenciar o preço do café para a moradora da periferia de Recife, mesmo o Brasil sendo o maior produtor de café do mundo, capaz de abastecer, com folga, seu mercado interno. O papel dos atravessadores e da especulação financeira no preço do café fica nítido no gráfico a baixo.

Fonte: UNDP, UNEP, WHO, UNESCO, IAASTD – Agriculture at a Crossroad – Internacional Assessment of Agricutural Science and Technology for Development, New York, 2009. http://goo.gl/aBvFBm31. Em tempo: link não encontrado.

Ou suponhamos que uma medida social do governo Lula faz os agentes de mercado avaliarem que o Brasil não dará conta de pagar os títulos de sua dívida pública, também revendidos como derivativo. O movimento especulativo sobre o câmbio do Real e os juros futuros fazem o dólar subir e pressionam o governo a aumentar a taxa Selic. O que pode parecer papo de economistas pode, por um lado, aumentar a inflação, já que a subida do dólar encarece matérias-primas e produtos importados e, por outro, gerar desemprego e empobrecimento do povo, já que taxas de juros mais altas dificultam obtenção de crédito para as empresas produzirem e para as pessoas consumirem. A lógica do mercado é que o aumento da taxa de juros faz recuar a inflação justamente porque desaquece a economia. Mas o resultado é a redução do poder de compra dos trabalhadores e o aumento da pobreza: os preços podem baixar, mas as pessoas não podem mais pagar.[48]

Além disso, o mercado financeiro estabelece uma nova forma de colonialismo entre as nações. Como os grandes bancos e corporações estão sediados nos países do Norte Global, drenam dinheiro do

---

48 Os economistas do mercado partem do pressuposto de que a inflação se dá sempre por excesso de demanda: quanto mais gente com poder de compra, os preços aumentam pela lei da oferta e procura. Mas há numerosos estudos de economistas qualificados, como o professor Luiz Carlos Bresser Pereira, que apontam que o principal fator da inflação brasileira é a chamada "inflação de custos", definida pelo preço de insumos como a energia e o combustível e pela formação monopolista de preços. E que a inflação de demanda só ocorre quando não há capacidade ociosa na indústria, o que não seria o caso dos maiores surtos inflacionários no Brasil.

Sul, onde estamos nós. Em 2023, o 1% mais rico do Norte recebeu U$263 bilhões de países do Sul pelo sistema financeiro, o equivalente a U$30 milhões por hora.[49] O mesmo acontece com as taxas de juros da economia real, desproporcionalmente desiguais. O Santander cobra juros de 3,5% ao ano para empréstimos a pessoas físicas na Espanha, sua matriz. A mesma linha de crédito do Santander, no Brasil, tem juros de 65% ao ano.[50] Ainda que a taxa de inadimplência possa ser um pouco maior aqui, não há qualquer argumento justificável para uma diferença tão grande. Aliás, hoje, a taxa de inadimplência média nos dois países é praticamente idêntica: 3,17% no Brasil e 3,1% na Espanha. É uma extorsão criminosa de fazer inveja aos agiotas e digna de estimular uma revolta popular. Aliás, foi Henry Ford – insuspeito de ser comunista – quem disse que, se o povo descobrisse como o sistema bancário funciona de fato, uma revolução explodiria no dia seguinte.

O capitalismo do século XXI está baseado num grande esquema de endividamento – das pessoas, das empresas e dos governos – gerenciado pelo cassino com sede em Wall Street. A maior de todas essas dívidas é a dívida pública dos EUA, que hoje está

49 OXFAM. Às *custas de quem?*, 2025

50 DOWBOR, Ladislau. *A era do capital improdutivo*. São Paulo: Outras Palavras & Autonomia Literária, 2017.

em US$36,5 trilhões, mais que a soma das dívidas de todos os países do Sul Global. Pelo privilégio do dólar como moeda mundial, os EUA acumularam déficits fiscais e comerciais ilimitados nos últimos quarenta anos, tendo a China como principal credora.[51] Como funciona este sistema? Os países com superávit comercial, que vendem mais do que compram, investem parte expressiva de seu excedente em títulos da dívida norte-americana – considerado o ativo financeiro mais seguro – que atua como uma espécie de aspirador, drenando capitais de todo o planeta. Esses recursos sustentam a máquina de guerra norte-americana, como vemos no gráfico a baixo, que mostra a correlação entre a explosão da dívida e os gastos militares a partir da década de 1980. O gasto militar anual dos EUA é maior do que o de todos os países somados.

51 O acúmulo de déficits comerciais pelos EUA teve um efeito colateral de desindustrialização do país, na medida em que o aumento das importações, especialmente da China, fez recuar a produção interna. É este efeito que Trump busca enfrentar com a imposição de tarifas de importação na atual guerra comercial.

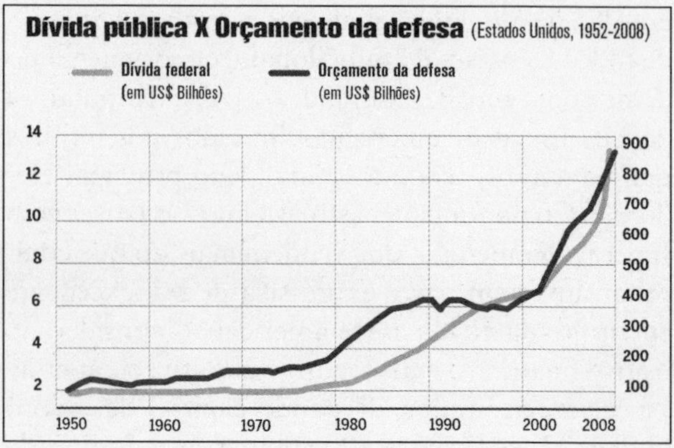

Vejam a perversidade do sistema: enquanto os EUA impõem ajustes fiscais draconianos à maior parte do mundo, usando o FMI e os agentes do mercado financeiro (a maior parte, norte-americanos), acumulam dívidas que absorvem uma fatia imensa do excedente do crescimento mundial. E o pior: dívidas que nunca serão pagas. Em 1971, quando Reagan, pressionado por países europeus para pagar em ouro a dívida norte-americana, decretou o fim do acordo de Bretton Woods – que determinava o chamado padrão ouro, com a conversão de US$35 para cada onça de ouro – o recado foi justamente de que a dívida não será paga. Por isso, vários economistas passaram a definir a dívida pública dos EUA como uma espécie de tributo imposto aos demais países ou, nas palavras de Michael Hudson, a expressão de uma era do "imperialismo da dívida".[52] O efeito deste cinismo dos EUA, que se endivida livremente e exige pagamento rigoroso dos demais, afeta todos os povos do planeta.

Enfim, não são apenas os governos que estão reféns do mercado financeiro. Toda a população trabalhadora do mundo sofre duras consequências da jogatina de meia dúzia de bilionários. Este é o retrato de funcionamento do sistema capitalista no século XXI: um cassino onde poucos privilegiados se divertem e 99% pagam a conta.

Por isso, quando a extrema-direita, aliada aos bilionários e submissa aos EUA, apresenta-se às pessoas como antissistema, isso deveria provocar uma gargalhada sonora. Quando falam sobre preço dos alimentos e dizem defender os trabalhadores é quase inacreditável que façam isso sem corar suas bochechas rosadas. Nunca houve um escárnio político tão grande. O nosso papel é reverter o deslocamento que eles fizeram do conceito de sistema, colocando as coisas em seu devido lugar. O sistema não é o Xandão e a Lei Rouanet. O sistema é simplesmente o "mercado", operado pelos grandes bancos, corporações, fundos, *big techs* e outros bilionários de qualquer ramo, em geral, aliados políticos da extrema-direita.

---

52 GRAEBER, David. *Dívida*. Rio de Janeiro: Zahar, 2023.

Jessé Souza mostra bem como essa operação de deslocamento foi construída historicamente na luta ideológica. Por um lado, com a máquina de propaganda do Estado norte-americano, aliada a *thinks tanks* neoliberais, promovendo a máxima de que a riqueza de alguns é boa para todos. Usaram, ainda, a criação de instituições filantrópicas por bilionários para que o povo deixasse de ver os bilionários como inimigos e passasse até a cultuá-los. É uma ironia da história que essa estrutura de propaganda tenha sido comandada por um sobrinho de Freud, Edward Bernays. Por outro lado, a operação é completada com o direcionamento da indignação popular pela extrema-direita para uma revolta contra os mais fracos, oferecendo um sentido enviesado ao desalento das maiorias. Os responsáveis por sua situação não são os bilionários, mas os imigrantes, os nordestinos, ou qualquer grupo que possa levar a culpa pelo mal-estar coletivo. Se eles conseguiram tornar verossímil essa inversão, nós também podemos conseguir recolocar as responsabilidades em seu devido lugar. E sem qualquer *fake news*, apenas apelando à realidade.

Essa é nossa missão social. Ou alguém acha que outro campo político fará esse enfrentamento em defesa do povo? Mas não venceremos essa batalha contra os bilionários que mandam no mundo simplesmente com uma pregação anticapitalista abstrata. O combate às desigualdades se dá com pautas bastante concretas, que permitem encurralar a extrema-direita, mostrar o quanto são parte do sistema e tirar a esquerda da defensiva política e ideológica.

É enfrentar as taxas de juros da agiotagem financeira, disputando a consciência e mobilizando os milhões de trabalhadores endividados. É denunciar a especulação no preço dos alimentos, propondo medidas que garantam a soberania alimentar do país, com a prioridade de abastecimento do mercado interno e a efetivação de estoques reguladores pelo governo. É lutar por direitos trabalhistas, como o fim da Escala 6X1, mobilizando trabalhadores contra a ganância das corporações que sugam o seu tempo. É desmascarar a extrema-direita que, nessas lutas, ficará como sempre ao lado dos bilionários, em nome de um suposto ideal de liberdade econômica.

O nome parece bonito, mas o que é a "liberdade econômica" para eles? É o direito dos bancos de achacar os correntistas livremente com juros irreais. O direito das corporações do agronegócio de deixar o povo com fome para aumentar livremente seus lucros com a exportação de *commodities*. O direito das empresas de impor livremente jornadas extenuantes, que adoentam e destroem a vida dos trabalhadores. O direito dos bilionários de não pagar impostos e enviar livremente suas riquezas para paraísos fiscais. Enfim, o direito do mercado de impor livremente seus interesses a governos eleitos pelo povo. A liberdade econômica não é tão bonita como dizem.

Sei bem que desmascarar esse discurso no papel pode parecer fácil e, na vida real, é bem mais complicado. Tratarei dos métodos necessários para essa batalha na última parte. Isso passa, é lógico, por termos maior eficiência na guerra cultural para disputar nossa visão de mundo. Mas, para chegarmos aí, temos que ter gravadas na consciência as missões da esquerda. No plano social, nossa missão é o combate intransigente às desigualdades, na forma como o capitalismo as reproduz no século XXI: o cassino financeiro. Esta sempre foi a razão de ser da esquerda e segue sendo. Mas não é a única.

4.4 Missão Civilizatória

Já foi o tempo em que a esquerda precisava se preocupar apenas com as desigualdades sociais. O capitalismo foi mais longe: antes limitava-se a atirar bilhões de seres humanos na miséria, agora ameaça com uma catástrofe capaz de destruir a própria humanidade. E o avanço da extrema-direita torna a cada dia essa ameaça mais assustadora. O futuro distópico está logo ali, já é possível vê-lo e tocá-lo.

Temos, em curso no século XXI, dois grandes riscos sistêmicos que ameaçam a civilização: a catástrofe climática e os descaminhos no uso da inteligência artificial.

Já sabemos que o aquecimento global tem o potencial de liquidar a vida humana na Terra. Talvez, o que falte para muitos de nós, seja assimilar a urgência da situação. 2024 foi o ano mais quente já registrado na história, com o aumento de 1,5°C em relação à temperatura média no período pré-industrial. O IPCC já havia estabelecido esse aumento de 1,5°C como o limite para atingirmos pontos de não-retorno, quando o aumento da temperatura já produziu efeitos irreversíveis. Por exemplo, no degelo dos círculos polares, que tem aumentado o nível dos oceanos e ameaçado regiões litorâneas. Ou com a própria floresta amazônica, que pode atingir seu ponto de não-retorno em até 25 anos, quando será impossível a regeneração de sua biodiversidade, transformando-se numa espécie de savana.

O degelo, especialmente avançado no Ártico, retroalimenta o processo de aquecimento. O gelo reflete a radiação solar de volta, enquanto a água do oceano a absorve, o que faz com que os mares aqueçam ainda mais e aumentem a velocidade do degelo. Embora possa parecer um assunto de cientistas, o fato é que esse processo tende a inundar em pouco tempo áreas de grande concentração humana, tornando-as inabitáveis e gerando milhões de refugiados climáticos no mundo. Nem precisamos avançar para o futuro. Hoje, os fenômenos climáticos extremos, resultantes do aquecimento global, já têm causado grandes catástrofes (inundações, incêndios florestais, secas) e inviabilizado a presença humana em certos territórios, pela desertificação ou pelas cheias constantes.

O gráfico a baixo nos permite ter uma dimensão da aceleração do processo. Ele inclui a evolução de fatores como clima, produção de carros, devastação de florestas, contaminação das águas e devastação de espécies entre 1750 e 2000.

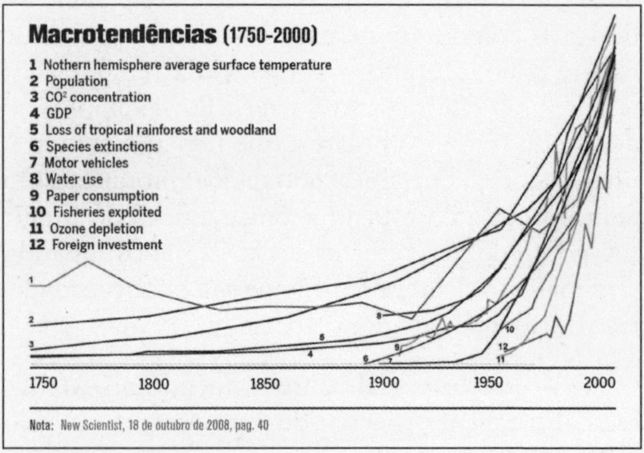

Fonte: *New Scientist*, 18 de outubro de 2008, p. 40.

A dificuldade é que, para quem luta pelo pão de cada dia, isso tudo pode parecer abstrato. Mas os efeitos das mudanças climáticas estão bem aqui, em nosso cotidiano. Vamos olhar para a catástrofe das cheias no Rio Grande do Sul, com quase duzentos mortos e 80 mil desabrigados. Vamos olhar para os incêndios devastadores no Pantanal e na Amazônia. Ou ainda para as ondas de calor que fizeram o Rio de Janeiro registrar uma sensação térmica de 62°C em fevereiro de 2025 e levaram escolas a cancelar aulas no Brasil todo. E, como todos vimos, nas chuvas torrenciais na Bahia, no Acre ou em São Sebastião, os efeitos são ainda mais perversos para a população pobre, que vive em encostas e beiras de córrego, muito mais vulneráveis aos fenômenos extremos. Já está acontecendo e a tendência é piorar rapidamente.

O Acordo de Paris, assinado por 190 países em 2015, estabeleceu a meta de zerar as emissões de carbono até 2050. Na ocasião, foi criticado por vários cientistas como tímido e insuficiente, mas a situação atual é ainda pior: as metas não têm avançado como o proposto e Trump acabou de tirar novamente os EUA, segundo maior emissor de gases de efeito estufa, da adesão ao Acordo. Para ele, o aquecimento global é “uma das maiores fraudes de todos os tempos”. O negacionismo da extrema-direita, na verdade, revela o seu compromisso com os grandes interesses econômicos, seja dos bilionários do petróleo, do agronegócio – responsável por 25% das emissões globais – ou do setor da mineração.

A posição de Trump também potencializa o segundo risco: os descaminhos da inteligência artificial. A revolução tecnológica da IA está ainda produzindo seus primeiros resultados, mas o prognóstico de curto-prazo é explosivo, para o bem e para o mal. Na verdade, mais correto seria qualificar como uma revolução tecnológica da IA e da biologia sintética, já que parte importante das pesquisas opera nessa intersecção, a partir da definição do DNA como um código passível de alteração e manipulação pela ciência. Sim, já tivemos as primeiras crianças com genomas editados, elas nasceram na China em 2018. Na mesma linha, os estudos da próxima geração de impressoras 3D já preveem a criação de várias formas de vida sintética.

Essa revolução pode produzir, em questão de poucos anos, maravilhas como a cura para o câncer, uma medicina personalizada para cada ser humano a partir de seu DNA, o ressurgimento de espécies extintas e até mesmo tecnologias de captura de carbono para enfrentar o aquecimento global. Para não parecer elucubração, peguemos exemplos já existentes. O Wall Mart patenteou abelhas-robôs para polinização automática de plantações, em regiões onde há extinção de abelhas polinizadoras. A Universidade de Harvard está em fase avançada de programação dos Kilobots, um enxame de mil pequenos robôs, que podem ser capazes de construir um prédio ou uma ponte em minutos. E a Amazon patenteou o primeiro robô 100% autônomo, que já está em operação em seus armazéns de estoque.[53]

O potencial é incrível, mas os riscos também. Da mesma forma que se programa um robô de IA para construção, pode-se programá-lo para a destruição, sobretudo na tecnologia militar. Em 2020, as forças militares de Israel mataram um cientista nuclear iraniano com um robô autônomo programado por IA. Hoje, a tecnologia já possibilita que uma arma de IA acoplada a um drone sobrevoe, por exemplo,

---

53 SULEYMAN, Mustafa; BHASKAR, Michael. *A próxima onda*: inteligência artificial, poder e o maior dilema do século XXI. Rio de Janeiro: Record, 2023.

a Praça da Sé e atire somente contra moradores de rua, contra pessoas negras ou qualquer alvo que se queira. O risco de armas biológicas é ainda mais alarmante. O desenvolvimento de uma tecnologia é sempre seguido por seu barateamento e a consequente democratização do acesso. Por exemplo, um sequenciador de DNA custava U$1 bilhão em 2003, hoje custa U$1 mil; um sintetizador custa U$25 mil.[54] Imaginem isso nas mãos de algum dos milhares de grupos neonazistas de supremacia branca que, com conhecimentos científicos relativamente simples, desenvolva um vírus letal para pessoas de outras etnias: negros, latinos, indígenas.

Além disso, há o risco de uso da IA para controle social e político. Imaginem tecnologias de controle pela onipresença de câmeras com reconhecimento facial, que mapeiam todos os seus movimentos, junto com sistemas digitais que armazenam e processam todos os dados que você produz, definindo com exatidão seu perfil, seus gostos e visões de mundo. A bem dizer, não precisamos imaginar: isso já existe e está em plena operação pelas câmeras de monitoramento integradas à IA e pelo algoritmo das redes sociais. Nossos limitados sistemas democráticos já estão sendo corroídos pela extrema-direita. As redes sociais, controladas pelas *big techs*, já têm um impacto profundo sobre a consciência social e

---

54 SULEYMAN, Mustafa; BHASKAR, Michael. *A próxima onda*: inteligência artificial, poder e o maior dilema do século XXI. Rio de Janeiro: Record, 2023.

estimulam visões extremistas. A sensação permanente de insegurança já faz com que as pessoas aceitem e até demandem vigilância completa dos espaços públicos. As condições estão dadas para o uso intensivo da IA numa sociedade de controle consentido.

É por razões como essas que, desde que a onda da IA avançou de forma mais intensa, iniciou-se um debate no mundo sobre a regulação do acesso e do uso da tecnologia. A União Europeia aprovou a lei mais avançada sobre o tema, em 2024, que diferencia as várias linhas de pesquisa da IA, de acordo com seus riscos colaterais e proíbe o desenvolvimento daquelas com risco máximo. Na mesma direção, Biden assinou um decreto nos EUA regulando o desenvolvimento da IA. Nem precisa dizer o que aconteceu depois: foi um dos primeiros decretos revogados por Trump, quando reassumiu a presidência.

É por todos esses riscos sistêmicos que Mujica disse com lucidez: "quando era jovem, acreditávamos que, nós, da esquerda, lutávamos pelo poder. Agora acredito que a luta é pela civilização".[55] A esquerda é a única força política capaz de barrar o avanço da barbárie e da autodestruição humana, não por sermos redentores iluminados, mas porque não há nenhum outro campo social capaz de levar adiante o combate às mudanças climáticas, uma regulação efetiva para

55 ALVÍDREZ, Saul. *Chomsky & Mujica*. Rio de Janeiro: Civilização Brasileira, 2024.

o uso da IA e a preservação de um ambiente político democrático. Nossa missão é civilizatória.

Mas, para podermos cumpri-la, precisamos enfrentar a inversão de valores da ideologia da extrema-direita e recuperar o senso ético de comunidade, que entrou em crise pela hegemonia do ultraindividualismo. Caso contrário, nos tornaremos pregadores num deserto de ouvidos moucos.

4.5 Missão Ética

Desde os primórdios, nós humanos nos questionamos sobre o sentido da vida. Na Grécia Antiga, Aristóteles dizia que o propósito da vida humana era a busca da felicidade, definida por sua filosofia como o domínio da faculdade racional da alma, pelo exercício das virtudes do intelecto: a sabedoria teórica (conhecimento racional) e sabedoria prática (controle das emoções). Os estoicos pensavam um pouco diferente: a verdadeira felicidade seria o encontro de harmonia entre o homem e a natureza, a partir de uma vida material simples, libertada das circunstâncias externas e dos desejos instintivos. A filosofia cristã, com Santo Agostinho, embora partilhasse com os estoicos a defesa de uma vida simples e apartada dos bens materiais, propunha que a felicidade humana só poderia ser encontrada com o amor a Deus, como condição para o amor verdadeiro a si mesmo e ao próximo.

O capitalismo acabou com a polêmica milenar da filosofia: transformou o dinheiro na grande finalidade da vida humana. O critério do que vale a pena passou a ser o do quanto vale. Como notou David Graeber, isso significa transformar a lógica dos ladrões e saqueadores em padrão moral universal: quando um ladrão entra numa casa, seu instinto é ver o quanto cada objeto pode ser convertido em dinheiro. A ética capitalista contemporânea é justamente submeter a vida humana ao interesse financeiro individual, fazendo com que cada sujeito enxergue a si próprio como se fosse uma empresa, em concorrência com os demais. A lógica neoliberal da economia é introjetada por cada cidadão como uma perversão ética subjetiva.

Enriquecer é o propósito que deve ser buscado por todos, como um sinônimo da felicidade. O dinheiro deixa de ser um meio para virar um fim em si mesmo: dinheiro não traz felicidade, é a própria realização da felicidade. Essa inversão – que Marx define pelo conceito de fetichismo – é alimentada pela ideologia do consumo. Sempre haverá um objeto de consumo novo para impulsionar a captura do desejo das pessoas. Se você conseguiu comprar um IPhone 15, espere, então, para ver o 16 e depois o 17. Se você está contente com sua bolsa da Louis Vuitton é porque ainda não viu o modelo novo, que sairá no mês que vem.

É uma espécie de fuga prá frente, que nunca acaba e absorve o horizonte de vida das pessoas.

Prosperidade, a palavra mágica da vez, é ter mais dinheiro em sua conta bancária, poder fazer o procedimento estético da moda (até que venha o próximo), ter as roupas de marca que lhe darão distinção social ou sonhar com a viagem para o *resort* instagramável de que todos estão falando.

E aqui não se trata de opor ao desejo de consumo um franciscanismo que nega os prazeres materiais da vida. É natural que todos queiram viver bem, comer num bom restaurante, ter uma casa confortável, dar o melhor para si e seus filhos. O que a direita nunca entendeu, em suas caricaturas do socialista de Iphone, é que a esquerda não é contra os objetos de consumo produzidos pelo capitalismo. O que defendemos é que os prazeres que eles proporcionam sejam acessíveis a todos. E isso não acontecerá com a venda de ilusões estilo *coach*, que propaga a ideia de que todos podem tornar-se o Zuckerberg da vez, usando raras exceções como se fossem regra. Mas somente com a mudança da sociedade, a partir de propósitos coletivos.

A grande operação ideológica do neoliberalismo – tornada mantra pela extrema-direita – foi isolar a prosperidade individual da prosperidade coletiva. A máquina de propaganda age como se existisse uma voz oculta que lhe dissesse sempre: é você contra o mundo, passe por cima de quem precisar para ter sucesso e cada um que cuide do seu sofrimento e administre o próprio fracasso. Prosperar passa a ser um resultado exclusivo dos esforços individuais. Se você não conseguiu, para não ser um eterno fracassado, seja ainda mais ganancioso. Mas, como diz Frei Betto, "ninguém consegue ser realmente feliz em um mundo povoado por tantos infelizes. No mínimo se deixa apoderar pelo medo de que os infelizes ataquem as muralhas da felicidade individual".[56] E é por isso que o ultraindividualismo produz sempre a sensação de insegurança, numa sociedade marcada pela violência e por legiões de deserdados.

É por isso também que essa ideologia inaugurou a era da depressão. Se o sentido de nossas vidas tornou-se girar a roda infinita e insaciável do consumo é inevitável que, em algum momento, pela falta ou pelo vazio da conquista, nos deparemos com a infelicidade, a solidão das relações humanas superficiais e a ausência de propósito. Aí só resta afundar-se nos antidepressivos. A depressão foi definida pela OMS como o mal do século XXI, afetando, hoje, mais de 300 milhões de pessoas, o que levou à caracterização oficial de epidemia. Apenas na Europa, entre 2000 e 2020, o consumo de antidepressivos aumentou 147%.[57] Nos EUA, o aumento foi de incríveis 400% entre 1990 e 2010.[58] No Brasil, quase 12 milhões de pessoas sofrem com depressão e, somente entre 2017

---

56 BETTO, Frei; BOFF, Leonardo; CORTELLA, Mario Sergio. *Felicidade foi-se embora?* Petrópolis: Vozes, 2016.

57 OCDE, 2024.

58 CDC, 2011.

e 21, o consumo de antidepressivos cresceu 58%.[59] Uma sociedade doente produz doentes em série.

A compulsão por reconhecimento nas redes sociais expressa justamente essa angústia. As curtidas tornaram-se a forma de validação social de pessoas sozinhas no meio da multidão. E quem não as obtém cai num sentimento de abandono e desamparo.[60] Quando não damos um proposito para nossas vidas, o mercado se encarrega de dar por nós.

A individualização absoluta da prosperidade é o modelo da inversão de valores da ideologia dominante, mas eles foram além. Inverteram também a antes revolucionária ideia de liberdade. Quando a extrema-direita toma para si a bandeira da liberdade, deformada como o direito individual de atacar e mentir livremente, de explorar livremente os trabalhadores e até de comercializar órgãos humanos, eles operam novamente a oposição entre indivíduo e sociedade. A ideia de fundo, baseada no esvaziamento neoliberal do Estado e das normas, é de que a sociedade não deve impor nenhum limite aos indivíduos, ou seja, o ideal da guerra de todos contra todos. É nessa lógica que consideram legítimo que exista um partido

---

59 Conselho Federal de Farmácia, 2023.

60 Mario Sergio Cortella fala da infelicidade digital, em que a falta de *likes* é sentida como desprezo e abandono. Na era das redes sociais, o anonimato tornou-se sinônimo de desamparo.

nazista na democracia, ou que acusem de censura a regulamentação das redes sociais, que Trump revogue com orgulho um decreto que tentava impor algum limite ao mau uso da IA, ou ainda que defendam o fim dos direitos trabalhistas em nome da "livre" negociação entre trabalhadores e patrões.

Com isso, atacam o conceito mais elementar de liberdade, que é a possibilidade do uso do tempo de cada um da maneira mais autônoma possível. A grande disputa libertária de nossa época é a disputa pelo tempo: se trabalhamos para viver ou vivemos para trabalhar. O padrão imposto pelo sistema é reduzir nosso tempo ao trabalho e ao consumo, vivermos apenas para pagar boletos, como ironizou Mujica. O tempo para os prazeres da vida, para conviver com a família e cultivar amizades verdadeiras, para cada um fazer o que gosta é carimbado como tempo inútil, porque não gera valor nem movimenta a roda do consumo. Roubam, assim, nosso bem mais precioso, porque finito: o tempo de vida. É por isso que a luta pela redução das jornadas de trabalho é tão central, é a autêntica luta pela liberdade.

Todos temos que trabalhar e consumir para viver. A grande questão é reduzir nosso tempo exclusivamente a isso e, no fim da jornada, olharmos pra trás e nos depararmos com uma vida vazia de sentido e uma sociedade devastada pela perda de horizontes humanos comuns. A destruição da coletividade quebra nossos padrões éticos de solidariedade, lealdade e confiança, impondo a concorrência com os outros no trabalho e no consumo como o grande imperativo da vida. Quando cada um de nós incorpora a lógica empresarial capitalista – "uma impiedosa e perpétua luta de boxe", nas palavras do economista liberal Joseph Schumpeter[61] – como lógica de vida, todos saem do ringue feridos e sozinhos.

Esta é a crise de destino que estamos atravessando. A individualização dos valores de prosperidade e liberdade transforma a sociedade num amontoado de pessoas solitárias, sem propósito de vida e com medo e rancor de seus semelhantes, vistos como ameaças pela concorrência ou pela violência. Os verdadeiros donos do sistema, os bilionários, mantêm seu controle desorganizando a sociedade a partir da velha máxima "dividir para conquistar". Quando perdemos o senso de comunidade, perdemos também o olhar solidário ao outro. A dor de um sem-teto ou de um faminto é problema dele, que não foi capaz de aproveitar as oportunidades da selva como eu. Querer usar o Estado, com o meu dinheiro, para apoiar essa gente é um estímulo inaceitável à vagabundagem, dar privilégio a quem não fez por merecer. Inclusive, se os fracassados do sistema pudessem desaparecer num passe de mágica, sair da minha calçada ou da janela do meu carro, melhor seria. Se houvesse um campo de concentração para jogar todos eles lá, não duvidem, teria apoio de parte da sociedade.

---

61 DARDOT, Pierre; LAVAL, Christian. *A nova razão do mundo*. São Paulo: Boitempo, 2016.

Exagero? Bem, basta ver os aplausos para governantes que expulsam a população de rua de suas cidades ou que tentam proibir distribuição de comida a eles. Basta olhar, com um mínimo de atenção em volta, e ver os ataques violentos que o Padre Júlio Lancelotti ou que as Cozinhas Solidárias do MTST recebem diariamente. Quando perdemos a capacidade de sentir a dor do outro como nossa, caminhamos para a desumanização e para a cultura dos linchamentos. Daí é quase natural transformar o outro em inimigo: o imigrante, o negro, o favelado, o gay, o comunista ou quem quer que sirva ao objetivo de direcionar a raiva e os ressentimentos que uma sociedade doente como a nossa produz a toneladas. É por isso que a criança assassinada numa operação policial na periferia não gera comoção social. A inversão de valores foi desumanizando as pessoas e matando o senso de comunidade.

A essa altura, alguns leitores podem imaginar que estou advogando pela desesperança. Mas é justamente o contrário. Insisto em falar da gravidade do momento em que vivemos para reforçar a importância histórica da missão que temos diante de nós. Não é nada fácil, mas a verdade é que nunca foi. A história da esquerda, da luta dos trabalhadores e pelo socialismo, está marcada pela coragem de nadar contra a corrente, de conquistar o que parecia impossível e de transformar a consciência da sociedade ao custo de muita persistência e sacrifícios. Desistir nunca foi uma opção para quem toma como propósito de vida a felicidade coletiva. Novamente, o mestre Mujica, do lugar de quem ficou catorze anos na prisão e sofreu as torturas mais atrozes, nos lembra do que deveria ser obvio: "existem duas formas de viver e morrer: resignando-se ou lutando. A pior luta é aquela que não acontece".[62]

Nossas missões são grandiosas: enfrentar o sistema da desigualdade, lutar contra a catástrofe civilizatória mais perigosa que a humanidade já enfrentou e disputar de todas as formas valores humanos e solidários. E mais: fazer tudo isso com a responsabilidade histórica e o senso de unidade que o avanço do fascismo exige, sem ceder a atalhos tortuosos. A esquerda já mostrou, mais de uma vez, que pode navegar nas águas de contradições e riscos que a vida coloca sem perder o horizonte e mantendo nossos valores de pé. É este espírito que precisamos retomar.

4.6 Mão no celular, pé no barro

Em política, saber o que fazer é a coisa mais importante, mas também precisamos saber como fazer. Ter uma estratégia bem definida, clareza sobre as nossas missões históricas e sobre quem são os inimigos nos dá condições de vencer a confusão no campo da esquerda. Ter a definição prática das tarefas que precisamos fazer dá condições de dar o passo

---

62 ALVÍDREZ, Saul. *Chomsky & Mujica*. Rio de Janeiro: Civilização Brasileira, 2024.

seguinte: vencer a passividade. É essa combinação que permitirá à esquerda retomar a ofensiva política.

De forma simples e direta, são duas grandes tarefas a cumprir: a batalha digital pela opinião pública e a batalha corpo a corpo nos territórios populares. Elas se cruzam, as pessoas que estão nas redes e nos territórios são as mesmas, mas cada batalha tem seu método e suas armas próprias.

A hegemonia da extrema-direita nas redes sociais é resultado de três fatores, em que eles fizeram a lição de casa e nós precisamos fazer a nossa. O primeiro é a unidade narrativa. Quando a extrema-direita define um tema, todos embarcam decididamente nele. Pode ser um acontecimento da realidade, em que eles imprimem sua abordagem ideológica; uma teoria da conspiração que dá resposta a alguma angústia social do momento; ou uma *fake news* que sirva aos seus objetivos políticos. Por exemplo, quando atacaram o governo Lula com a mentira de que haveria uma taxação do PIX. Quem abrisse a rede social veria os principais líderes políticos e influenciadores da extrema-direita reproduzindo a mesma narrativa, alguns mais descarados, outros menos, mas a linha do discurso era a mesma. Enquanto isso, na esquerda, cada liderança ou influenciador em geral está tratando de um assunto próprio. Quem abre o *feed* do Instagram vai receber a narrativa da extrema-direita repetidamente e, do outro lado, uma série de assuntos diversos tratados pela esquerda. O resultado é que eles comunicam uma mensagem clara e nós não.

No Brasil, a construção da unidade narrativa da extrema-direita combinou centralização da definição política (inicialmente, na família Bolsonaro), formação de um grupo de sites e influenciadores que seguem essa definição e uma operação de guerrilha de difusão por comunidades de Zap. Às vezes, dá a impressão de que são milhões, mas, muito mais do que a quantidade, o que os permitiu pautar a narrativa e influenciar a opinião pública foi a organização digital. A esquerda, pelo mérito de ser mais plural e democrática, tem maior dificuldade em unificar a narrativa. Mas é possível fazê-lo, com uma construção que envolva as principais lideranças públicas e partidos, a articulação com influenciadores e, principalmente, a organização digital da militância do campo progressista a partir de comunidades. Aliás, esse processo ocorre em campanhas eleitorais. A diferença é que nós costumamos desmontar a estrutura quando a eleição acaba e eles seguem numa campanha permanente. Isso não é uma questão secundária: agir nas redes sem unidade narrativa é como entrar numa guerra com cada soldado atirando para lados diferentes. Não tem como dar certo.

O segundo fator de sucesso na disputa digital é saber manejar o algoritmo, que, como já vimos, privilegia a distribuição de conteúdos que provoquem algum grau de indignação coletiva. A extrema-direita tornou-se especialista em produzir gatilhos de indignação para viralizar nas redes. A foto de uma pessoa nua em um ato feminista, o vídeo de um professor criticando Bolsonaro em sala de aula, o desespero de uma família assaltada por um criminoso na saidinha... Qualquer fato impactante, que estimule sentimentos indignados e sirva como gatilho aos seus propósitos políticos, nesses casos: a defesa da família contra o feminismo, o combate aos professores esquerdistas que doutrinam nossos filhos e a defesa do endurecimento penal contra o discurso dos direitos humanos.

Vejam que são fatos bem distintos, aparentemente aleatórios, mas que se enquadram na lógica da guerra cultural que eles empreendem. Pautas positivas muito dificilmente engajam nas redes, porque não geram indignação. Vi isso de perto nas campanhas eleitorais. Todos diziam, em tese, que queriam propostas dos candidatos, mas quando fazíamos postagens com propostas para a cidade ou o país era um deserto de curtidas. Quando atacávamos adversários e mostrávamos situações indignantes, o engajamento explodia. É claro que esta é a lógica do algoritmo das redes, que não necessariamente reflete o conjunto complexo dos sentimentos na sociedade. Mas, para disputar a hegemonia digital, é uma lógica inescapável.

Isso quer dizer que a esquerda deve recorrer a *fake news*? Não, de forma alguma. É plenamente possível gerar indignação e mobilizar o sentimento das redes a partir de fatos reais. Por exemplo, mostrar o sofrimento de uma pessoa doente que teve seu tratamento negado pela ganância de planos de saúde, ou a hipocrisia de líderes da extrema-direita que pregam a defesa da família e têm as condutas mais imorais, ou ainda casos de ricaços humilhando e ofendendo trabalhadores. E milhares de outros, que são fatos reais, geram indignação e nos permitem disputar nossos valores e visões de mundo a partir deles. De algum modo, já fazemos isso, mas de forma fatiada e aleatória, sem organização nem unidade narrativa. Por isso, eles vencem.

É verdade que o algoritmo não é totalmente impessoal, embora moldado por IA, e que os donos das plataformas têm mecanismos para programar nele travas a determinados conteúdos políticos e estímulo a outros, de acordo com suas posições ideológicas. Mas temos que estressar este limite ao máximo, fazendo nossa lição de casa a partir daquilo que já vimos que funciona. Deixar de fazer isso é escolher perder por WO a disputa digital.

Por fim, o terceiro fator que explica o sucesso da extrema-direita nas redes é a formação de um ecossistema próprio para a guerra cultural. Uma coisa é pautar o assunto do dia, outra é difundir uma ideologia estruturada. É o que diferenciamos, no terceiro capítulo, como operação de guerrilha e exército permanente. Eles investiram em ambos. A extrema-direita mundial construiu plataformas multimídias voltadas para a guerra cultural, com filmes, documentários, livros, programas de entretenimento, noticiários e qualquer recurso que contribua para apresentar sua visão de mundo e combater a nossa. E foram bem eficientes nessa missão, a ponto de convencer o trabalhador que volta pra casa no ônibus lotado, assistindo um vídeo da Brasil Paralelo, de que, se ele se esforçar um pouco mais, pode virar um milionário. É guerra cultural pura.

A esquerda demorou a perceber a importância de ter um ecossistema digital. No Brasil, existem iniciativas bem interessantes[63] – mas que estão desarticuladas entre si, com menos investimento que as deles e sem muitas de suas funcionalidades e atrativos. É urgente termos ecossistemas estruturados, com apoio dos partidos do nosso campo e com algum grau de conexão entre si para podermos entrar na guerra com paridade de armas.

Esses desafios – unidade narrativa, guerrilha digital e ecossistema – representam a nossa primeira tarefa: mão no celular. Mas a digitalização das

---

63 Destaco as duas mais relevantes. A Mídia Ninja, criada por Pablo Capilé, que inovou na ação de redes, foi capaz de se expandir para distintas pautas além da política e tornou-se uma grande referência para o campo de esquerda no Brasil. E o ICL (Instituto Conhecimento Liberta), plataforma criada por Eduardo Moreira, que tem atuado como um noticiário cotidiano em distintas redes para pautar a leitura de esquerda, além de oferecer cursos de formação. Ambas construíram comunidades importantes.

relações sociais não superou a necessidade de outra antiga tarefa da esquerda, que já soubemos fazer muito bem: o trabalho de base com pé no barro.

A esquerda foi responsável por construir os principais instrumentos de organização territorial nas periferias brasileiras durante a ditadura e na redemocratização. A experiência das Comunidades Eclesiais de Base (CEBs) e o surgimento de movimentos por moradia, saúde e creche marcaram a formação do PT e forjaram milhares de lideranças populares. Até os anos 2000, praticamente todos os grupos políticos organizados nos territórios populares estavam ligados à esquerda, com presença ativa de militantes e construção de redes de solidariedade para responder às demandas do povo em seu cotidiano.

Esse trabalho refluiu por várias razões. Primeiro, ainda na década de 1990, as CEBs começaram a ser desarticuladas pela ofensiva do Papa João Paulo II contra a Teologia da Libertação. Ao mesmo tempo, a consolidação das políticas neoliberais no Brasil durante o governo FHC provocou os efeitos de fragmentação da classe trabalhadora, desorganizando a ação territorial da esquerda. Para completar, a transformação de importantes lideranças populares em políticos parlamentares tirou o foco do trabalho territorial e o reduziu, muitas vezes, a bases eleitorais. Esse processo se intensificou com a chegada ao governo. A grande arena de luta se deslocou para a institucionalidade, fazendo com que o trabalho de base da esquerda e a mobilização de movimentos sociais perdessem fôlego.

Mas a maior mudança na organização social e na consciência das periferias vinha como uma avalanche silenciosa: o incrível crescimento das igrejas evangélicas no Brasil. Já vimos os números no primeiro capítulo. Era inexorável que um movimento tão forte e enraizado impactasse na maneira de pensar das periferias, onde está a massa evangélica. Na prática, as organizações de esquerda – várias delas ligadas à igreja católica – perderam espaço enquanto os evangélicos explodiram.

Construíram uma verdadeira máquina de organização social, com mística cativante e forte espírito missionário. Assim como as CEBs, os evangélicos criaram redes de acolhimento e solidariedade, mas ligadas aos problemas individuais e familiares: rede de contatos para oferta de emprego, instituições para dependentes químicos, orientação familiar, apoio material. Com isso, de fato, a vida de muitas pessoas melhora ao entrar na igreja, além do aumento de autoestima, como efeito psicológico da crença e do pertencimento. As igrejas criaram um novo círculo de relações sociais e de reconhecimento para pessoas solitárias e humilhadas socialmente. "Pare de sofrer" é o chamado de uma das maiores denominações evangélicas do Brasil, a Igreja Universal do Reino de Deus.

A esquerda ignorou e subestimou a força popular do fenômeno evangélico. Me lembro de uma companheira de luta que fez um relato sobre sua relação com a igreja que me marcou muito. Cresceu numa família marcada por alcoolismo e violência doméstica paterna. Quando criança, nunca tinha tido uma festa de aniversário. Aos dezesseis anos, foi convidada por uma amiga para ir à igreja e ficou. No dia do seu aniversário, o pastor a parabenizou no púlpito e as irmãs de fé organizaram a primeira festa de sua vida. Tornou-se missionária e está até hoje na igreja. Seu filho, que chegou a ter problemas com drogas, toca na banda de música que anima os cultos. Entendem o significado disso? Os evangélicos criaram redes de apoio social que transformam a vida das pessoas. Fazem aquilo que parte importante da esquerda foi deixando de fazer.

A partir disso, estimularam uma poderosa identidade coletiva, alimentada pela missão de salvar almas, inclusive com o espírito de sacrifício de fazer esse trabalho em lugares como presídios e áreas dominadas pelo tráfico de drogas. O dízimo, ao contrário da visão elitista que o atribui à burrice ou enganação, é resultado deliberado desse pertencimento. Contribuir financeiramente com uma organização, ainda mais quando isso lhe faz falta, é uma das expressões mais fortes de compromisso com uma ideia.

Os evangélicos conseguiram ir além da Teologia da Libertação, até porque ela estava presa à burocrática estrutura do catolicismo, em que pese o trabalho rebelde e admirável de gente como Dom Paulo Evaristo Arns, Frei Betto e Leonardo Boff. Montar uma igreja evangélica é fácil e rápido, por isso sua capilarização absurda nas periferias. Formar um pastor é questão de poucos meses, enquanto a formação de um padre demanda anos de seminário.

Mas o que isso tem a ver com a disputa entre esquerda e extrema-direita? Bem, o fato é que a máquina organizativa evangélica atua hoje como a principal força de apoio ao bolsonarismo nas periferias. Bolsonaro deu uma unidade política aos evangélicos que vai, inclusive, além da decisão das lideranças de cada denominação. Já ouvi de pastores e até de bispos conhecidos que, em momentos que tomaram posições públicas contra alguma postura de Bolsonaro, foram cobrados – alguns de modo bem agressivo – por fiéis de suas igrejas. A grande maioria da base evangélica tornou-se apoiadora do bolsonarismo pela sintonia com o discurso de resgate dos valores conservadores. A pesquisa Datafolha às vésperas do segundo turno de 2022 não deixa dúvidas: Bolsonaro venceu Lula por 62% a 32% no voto evangélico, quase o dobro.[64]

---

64 Datafolha, 2022.

No entanto, isso não significa que a disputa política entre os evangélicos seja impossível. Muitas vezes, a esquerda erra ao tratar os evangélicos como um bloco homogêneo. Não são, assim como os católicos não são e a própria esquerda não é. É preciso tomar cuidado para não reproduzir uma visão preconceituosa a respeito dos evangélicos. Esse é um erro comum entre militantes de esquerda. No movimento sem-teto, por exemplo, a maioria da base social que luta por moradia e participa de ocupações é evangélica. Temos pastores, missionários e obreiros de várias denominações pentecostais na coordenação do movimento.

Acredito que existem caminhos efetivos para uma reaproximação da esquerda com o povo evangélico. Um deles é a defesa de políticas públicas de saúde, educação ou moradia, lembrando que o perfil da massa evangélica é de trabalhadores, a maioria negros, que vivem em periferias urbanas com precariedade de serviços essenciais. Outro caminho são os próprios valores cristãos. A extrema-direita defende arma na mão das pessoas, nós somos contra. Defende políticas que jogam milhões de pessoas na fome, nós fazemos políticas de combate à fome. Defende uma ética de individualismo e indiferença ao outro e nós somos movidos por uma ética solidária. Quais dessas posições têm mais sintonia com os valores cristãos? Sei que não é fácil nem simples travar essa batalha, o debate já está bastante contaminado. Mas é plenamente possível com um trabalho de base contínuo e intenso nos territórios populares.

A presença ativa nos territórios é decisiva para a disputa política. Nem todo vínculo se constrói pelas redes sociais. Estar junto, escutar, dar o apoio que as pessoas precisam e construir relações autênticas de solidariedade segue sendo um caminho insubstituível. O impacto social das igrejas evangélicas é expressão viva disso.

A crítica de que a esquerda abandonou esse trabalho de base faz sentido, embora não seja totalmente verdadeira. Apesar do refluxo, há importantes exemplos de atuação ligados à esquerda, que, se não existissem, nossa situação política estaria bem pior. Temos espalhados pelo Brasil centenas de coletivos de cultura periférica que, ao seu modo, disputam visões de mundo e organizam jovens numa perspectiva de combate às desigualdades, ao racismo e à intolerância. Fenômenos como o *slam* e as batalhas de rima mobilizam milhares de pessoas nas periferias urbanas e formam consciência crítica. Os cursinhos populares, que tiveram grande crescimento com as políticas do governo Lula de acesso à universidade, também cumprem um papel de formação política de jovens periféricos. Sem falar nos movimentos de luta por moradia, transporte e saúde, historicamente ligados à esquerda, e que nunca deixaram de ter presença e capacidade de mobilização nos territórios.

As cozinhas solidárias foram a iniciativa mais recente de presença territorial ativa liderada por movimentos de esquerda. Surgiram na pandemia a partir de uma demanda concreta, por iniciativa do

MTST em São Paulo, e hoje são conduzidas por várias entidades, que mantêm 2.700 cozinhas em todo o Brasil servindo 14 milhões de refeições por ano. Mesmo com nosso esforço de apoio estatal, pelas políticas de combate à fome do governo federal, a grande maioria das cozinhas são autogeridas e não recebem recursos ou alimentos do poder público. E quem já frequentou alguma delas sabe bem que, além da distribuição de alimentos, se tornaram um espaço de convivência e organização das comunidades. Muitas cozinhas solidárias passaram a abrigar bibliotecas, cursinhos ou aulas de alfabetização de adultos, sendo apropriadas pela comunidade como um espaço seu.

Menciono esses exemplos – e existem vários outros – para termos em conta que a situação da esquerda nas periferias não é de terra arrasada e que há horizontes que nos ajudam a iluminar os caminhos a seguir. O chacoalhão que precisamos para estar à altura dos desafios passa por potencializar essas iniciativas de trabalho de base e construir outras. Se apenas uma pequena parte do campo progressista que vive se queixando e exercitando a autofagia nas redes decidir direcionar essa energia para o trabalho popular, teremos melhores condições de disputa. A questão é sair da apatia impotente para a ação política organizada. É momento de colocar o pé no barro, com um grande Mutirão de Trabalho de Base no Brasil, juntando lideranças de movimentos sociais, referências comunitárias e militantes de esquerda para a atuação política nos territórios populares.

É possível virar o jogo. O problema não é estar numa batalha dura. A vida é feita delas. O problema é quando perdemos a perspectiva de lutar pelo que acreditamos. Parte da crise da esquerda hoje reside nisso. O fervor dos nossos ideais foi sendo apagado pelo desanimo e fomos entregando batalhas sem lutar, às vezes por não saber bem o que fazer diante de uma ofensiva tão avassaladora da barbárie fascista e de sua guerra cultural. Mas, como dissemos no início, já passou da hora de sairmos da perplexidade defensiva e tomarmos nossos postos na luta.

O que me motivou a escrever esse livro foi a angústia de ver o campo progressista acuado numa das maiores encruzilhadas de nossa história. E a extrema-direita, mesmo com todas as razões para estar na defensiva – tramaram um golpe de Estado e estão respondendo por isso –, agindo com orgulho e decisão. Não podemos nos esquecer nunca da régua ética e política que nos separa deles. Eles defendem a desigualdade, nós lutamos por justiça social. Eles representam os interesses dos bilionários, nós dos trabalhadores. Eles aprofundam a catástrofe ambiental, nós somos o freio possível a ela. Eles corroem a democracia, nós a preservamos. Eles pregam a indiferença individualista, nós a solidariedade com as dores humanas. Temos todas as razões para nos orgulhar dos nossos ideais e lutar por eles de cabeça erguida.

A crise também cria possiblidades inteiramente novas. Torna possível aquilo que estava fora da gramática social. Falamos antes sobre os riscos civilizatórios com o desenvolvimento da IA, mas as mudanças que essas tecnologias já começaram a provocar abrem um horizonte para relações sociais de trabalho nunca vistas. As estimativas mais recentes apontam que a aplicação da IA deve afetar cerca de 40% dos empregos nos EUA na próxima década.[65] Aqui no Brasil e em todos os países do Sul Global, o efeito também será intenso com o fim da vantagem comparativa dos salários mais baixos na divisão internacional do trabalho, já que o uso de robôs autônomos terá um custo ainda menor. E diferente de outras revoluções tecnológicas, a capacidade de compensação por novos ramos de trabalho será muito menor. É claro que, para os bilionários das grandes corporações, não há nenhum problema ético em ter bilhões de seres humanos inutilizados socialmente pela exclusão do mercado. Mas é inevitável que este cenário impulsione uma grande tendência social pela redução das jornadas de trabalho, com liberação do tempo dos trabalhadores para os cuidados, vida comunitária e lazer. A luta pela redução da jornada de trabalho ganhará grande força nos próximos anos, como pudemos antever na mobilização social pelo fim da escala 6X1. E irá opor, sem rodeios, o povo contra o verdadeiro sistema, dando uma bandeira potente para a organização da esquerda.

Não há mais tempo para remoer dificuldades e ter medo do futuro. Mujica, de dentro do seu

---

65 LEE, Kai Fu. *Inteligência Artificial*. Rio de Janeiro: Globo Livros, 2019.

fusquinha, bem lembrou que o grande desafio da vida "é se levantar toda vez que cai e ter a capacidade de derrotar a desesperança, sem que ela nos derrote".

Quantas vezes já não anunciaram com pompas o fim da esquerda e o ocaso de nossas lideranças? Vejam Lula, o maior líder popular do Brasil. Foi ao segundo turno presidencial em 1989, perdeu ganhando e muitos juravam que seria Presidente na eleição seguinte. Bem, em 1994 e, novamente, em 98 sequer foi ao segundo turno. Quem se lembra das manchetes da época, recordará que eram quase um epitáfio político. Quatro anos depois, foi eleito Presidente. Na sequência, reeleito e, após promover grandes mudanças sociais, saiu do governo com uma aprovação histórica de 87%, elegendo Dilma como sucessora. Depois, foi alvo de uma operação de destruição de reputação poucas vezes vista na história, condenado e preso num processo judicial inteiramente viciado. Com ele isolado em Curitiba, criaram uma quase unanimidade na opinião pública de que sua morte política era certa. Hoje está novamente no Planalto. A história tem essa estranha mania de contradizer os fracos e apressados.

A ascensão da extrema-direita tem um limite objetivo. É o limite da mentira. Seu fraudulento discurso antissistema pode mobilizar massas, formar maiorias e ganhar eleições. Mas, quando governam, pela própria força do verdadeiro sistema, são incapazes de entregar o que sua ideologia vendeu. Aprofundam as desigualdades e o desalento dos trabalhadores, destruindo as redes de proteção social com sua sanha privatista. E não se enganem: a maioria dos eleitores de direita defende o SUS, a escola pública, a aposentadoria, as políticas de habitação e tantas outras que, quem governa para o 1% é incapaz de entregar. Quando eles chegam ao governo, cedo ou tarde, a essência da extrema-direita se revela: aos bilionários oferecem um cardápio VIP e ao povo só têm a oferecer miséria, barbárie e muita gritaria.

Por mais forte e sedutora que seja qualquer ideologia, o pão, em algum momento, fala mais alto. Muitas vezes não é de imediato, podem se reeleger e voltar a governar, mas nunca, na história da humanidade, os interesses populares deixaram de se manifestar e, em determinado momento, se impor. Me lembro de um fato curioso que aconteceu nas últimas eleições em São Paulo. Uma militante do MTST foi fazer campanha numa comunidade em Parelheiros, no extremo da periferia da cidade. Era uma favela, com a maior parte das casas de madeira e instalada num terreno irregular, com ameaça de despejo. Quando ela abordou um senhor, na frente do seu barraco, ocorreu o seguinte diálogo:

— Na sua vereadora eu até voto, mas no Boulos não.

— Por quê?

— Porque ele é invasor.

— Mas o senhor está numa ocupação irregular!

— É... Mas eu paguei dois mil no terreno.

A companheira me contou essa história com raiva e desânimo durante a campanha. Poucos meses depois da eleição, no início de 2025, a comunidade recebeu uma ordem de despejo e ela, que atua naquela região pelo movimento, voltou lá para organizar a luta dos moradores. Na reunião, lá estava o mesmo senhor, de canto, meio envergonhado. Ao final, ele a procurou e só disse uma frase: "se arrependimento matasse...". Desta vez, ela me contou com gosto, como uma recompensa pela persistência militante. Esse fato, por mais que seja o pequeno enredo de uma pessoa entre milhões, mostra o quanto a realidade pode ser pedagógica para mudar consciências. E o quão importante é manter a firmeza e o rumo em situações adversas.

Não nos esqueçamos de que, durante anos, a ditadura militar brasileira teve forte apoio social. A campanha de propaganda do "Brasil: ame ou deixe-o", que pintava a ditadura como patriota e a esquerda como terrorista, ecoava na mente de milhões de pessoas. Mas vieram em seguida as grandes greves, a atuação comunitária das CEBs e o movimento das Diretas. É a velha toupeira de Marx, sempre cavando, mesmo que silenciosamente.

Por isso tenho convicção na vitória de nossa luta. A questão é o tempo. Sabemos por experiência própria o estrago que eles são capazes de causar: sofrimento nos mais vulneráveis e grandes riscos democráticos e civilizatórios. Também estamos sentindo na pele o quão trabalhoso é reconstruir. Não podemos esperar que venha mais uma vez a destruição para depois reconstruir tudo novamente. O preço social e humano é muito alto. Os tempos da história somos nós que fazemos, por isso o sentimento de urgência precisa se traduzir em urgência da ação.

A esquerda já passou por vários momentos de crise, alguns bem mais difíceis que o atual, mas sempre os superamos com imaginação política para responder aos novos desafios. Não tenho dúvidas de que faremos novamente, armados da lucidez sobre o que está em jogo, da grandeza das nossas missões e do espírito militante, com a mão no celular e o pé no barro.

Este livro é um chamado para a luta. Um chamado aos que acreditam no Brasil e na capacidade de reação do nosso povo. Um chamado aos que estejam dispostos a dedicar o que temos de mais valioso – nosso tempo e nossa energia – à construção de uma vida mais justa para todos. É sempre importante lembrar as palavras do mestre Guimarães Rosa: “o que a vida quer da gente é coragem”.

REFERÊNCIAS BIBLIOGRÁFICAS

ALVÍDREZ, Saul. *Chomsky & Mujica*. Rio de Janeiro: Civilização Brasileira, 2024.

BALLOUSSIER, Ana Virgínia. *O púlpito*. São Paulo: Todavia, 2024.

BETTO, Frei; BOFF, Leonardo; CORTELLA, Mario Sergio. *Felicidade foi-se embora?* Petrópolis: Vozes, 2016.

CARVALHO, Olavo. *A nova era e a revolução cultural*. Campinas, SP: Vide, 2016.

CASTELLS, Manuel. *Ruptura*. Rio de Janeiro: Zahar, 2018.

CHOMSKY, Noam; POLLIN, Robert. *Crise climática e o Green New Deal Global*. Rio de Janeiro: Roça Nova, 2020.

DA EMPOLI, Giuliano. *Os engenheiros do caos*. Belo Horizonte: Vestígio, 2019.

DANZA, Andres; TULBOVITZ, Ernesto. *Pepe Mujica*: uma ovelha negra no poder. Rio de Janeiro: Bertrand Brasil, 2021.

DARDOT, Pierre; LAVAL, Christian. *A nova razão do mundo*. São Paulo: Boitempo, 2016.

DOWBOR, Ladislau. *A era do capital improdutivo*. São Paulo: Outras Palavras & Autonomia Literária, 2017.

DUNKER, Christian. *Lacan e a democracia*. São Paulo: Boitempo, 2022.

FISCHER, Max. *A máquina do caos*. São Paulo: Todavia, 2023.

FREUD, Sigmund. *Obras completas*. Madrid: El Ateneo, 2003.

GRAEBER, David. *Dívida*. Rio de Janeiro: Zahar, 2023.

GRAMSCI, Antonio. *Cadernos do cárcere*. Rio de Janeiro: Civilização Brasileira, 2022.

LACAN, Jacques. *Outros Escritos*. Rio de Janeiro: Zahar, 2003.

LAVAREDA, Antônio. *De Bolsonaro a Lula III*. Salvador: Sagga, 2023.

LEE, Kai Fu. *Inteligência Artificial*. Rio de Janeiro: Globo Livros, 2019.

MANSO, Bruno Paes. *A República das milícias*. São Paulo: Todavia, 2020.

MICK, Jacques; NOGUEIRA, João Carlos. *Viver por conta própria*. São Paulo: Fundação Perseu Abramo, 2023.

MOUFFE, Chantal. *Por um populismo de esquerda*. São Paulo: Autonomia literária, 2020.

NUNES, Felipe; TRAUMANN, Thomas. *Biografia do abismo*. Rio de Janeiro: Harper Collins Brasil, 2023.

______. *Fé e fuzil*. São Paulo: Todavia, 2023.

PIKETTY, Thomas. *Natureza, cultura e desigualdades*. Rio de Janeiro: Civilização Brasileira, 2024.

ROSSI, Pedro. *Brasil em disputa*. São Paulo: Planeta do Brasil, 2024.

SCHWARTZ, Lilia; STARLING, Heloisa. *Brasil*: uma biografia. São Paulo: Companhia das Letras, 2015.

SOUZA, Jessé. *O pobre de direita*. Rio de Janeiro: Civilização Brasileira, 2024.

______. *A construção social da subcidadania*. Rio de Janeiro: Civilização Brasileira, 2023.

SPYER, Juliano. *Povo de Deus*. São Paulo: Geração Editorial, 2020.

STARLING, Heloisa; LAGO, Miguel; BIGNOTTO, Newton. *Linguagem da destruição*. São Paulo: Companhia das Letras, 2022.

SULEYMAN, Mustafa; BHASKAR, Michael. *A próxima onda*: inteligência artificial, poder e o maior dilema do século XXI. Rio de Janeiro: Record, 2023.

VIGUERAS, Juan Hernandez. *El casino que gobierna el mundo*. Buenos Aires: Capital Intelectual, 2012.

A Editora Contracorrente se preocupa com todos os detalhes de suas obras! Aos curiosos, informamos que este livro foi impresso no mês de junho de 2025, em papel Pólen Natural 80 g/m².